一人になりたい男、話を聞いてほしい女

Beyond Mars and Venus:
Relationship Skills
for Today's Complex World

ジョン・グレイ 著
児島修 訳

ダイヤモンド社

Beyond Mars and Venus

by

John Gray

Published by agreement with Folio Literary Management, LLC and
Tuttle-Mori Agency, Inc.

本書で紹介する新しいアイデアの多くが生まれるきっかけを与えてくれた、
娘のローレン・グレイに最大の愛と感謝を

はじめに
——男女の違いを深く理解することが、恋愛と人生を充実させるためのカギ

私は25年前、前作の『ベスト・パートナーになるために　男は火星から、女は金星からやってきた』（三笠書房）を書いた。この本は50カ国語以上に翻訳される大ヒット作になり、現在も息の長いベストセラーとして150カ国以上の人々に読み継がれている。

著者として世界各地でインタビューを受けてきたが、今もっとも多く受ける質問はこれだ。**「この25年間で、恋愛や男女関係のあり方はどう変わったのですか？　あの本の内容は、まだ有効なのですか？」**

はっきり言えるのは、世界がこの四半世紀で劇的に変化し、男女の関係にも大きな影響を与えたということだ。現代人は職場でも家庭でもますます多忙になり、ストレスも増した。働く女性が増え、男性にも家事が求められるようになり、カップルの関係も変わった。

男も女も、相手に物質的な豊かさだけではなく、心の支えを求めるようになった。

私たちは従来のジェンダーの役割にしばられることなく、自由に自分を表現し、新しい形でパートナーと愛情に満ちた関係をつくれるチャンスを手に入れた。

だがこの変化は、新たな困難も引き起こした。生物学的には今でも男は火星人であり、女は金星人のままだ。そのことが、大きな誤解やストレスの源になっているのだ。

つまり、自己表現の自由が以前より格段に増えた現代では、より良く生きるための新たなスキルが必要になる。それを読者に示すことが、本書の目的だ。

異性をよく知ることは人生の宝物になる

女性が職場で男性と対等に働き、男性が子育てに参加するようになったからといって、男と女が同じになったわけではない。男女が生物学的に大きく違うことに変わりはない。それでも、現代の男女が相手に求める心の支えは大きく変わった。その結果、私たちはさまざまな問題に直面するようになった。

この問題は、カップルだけでなく、あらゆる人にとって重要だ。男女の関係に起きている変化は、私たち一人ひとりの変化の表れでもあるからだ。**本書で紹介する新たな知識は、恋愛関係だけでなく、身の回りの人間関係も豊かにする。**シングルであれカップルであれ、誰でも異性と関わって生きている。異性と良好な関係を築く方法を学ぶことには、計り知れない価値がある。職場や学校で有効な人間関係を築きやすくなるし、社会的な成功も手に入りやすくなる。**本書の内容は、恋愛のヒントを求めている人だけではなく、あ**

らゆる人が自分を知り、ストレスを減らし、幸せになるのに役立つものになる。

時代遅れの恋愛観が人生を台無しにする

いま男女は大きな変化の時を迎えている。パートナーと満ち足りた関係を築くためには、時代に沿った新しい形で相手を支えなければならない。

だが、昔ながらの方法には頼れない。

男にはロールモデルがいない。男は父親を見て女性との接し方を学ぶ。だが父親の世代は、古い時代の価値観に従っていた。**一昔前まで、男は働いて家族を養えば、女性との関係に求められる役割の大半を果たせると考えられていた。**

女にもロールモデルがいない。自分の望みをうまく男性に伝える方法は、誰も教えてはくれない。**夫が家族を養っていれば、妻はそれ以上を求めることができなかった。**

テレビドラマや映画は、現代の男女関係の見本を示してはくれる。人気のコメディドラマでは、登場人物がさまざまな出来事に直面して右往左往する姿が面白おかしく描かれ、最後の5分で魔法のように問題が解決してハッピーエンドになる。だが娯楽としては楽しめても、困難を乗り越え、相手と充実した関係を築くための具体的な方法は示されない。

ドラマを見終わった私たちは、日常に引き戻された瞬間に打ちのめされてしまう。一生続く愛を育むためには、映画が教えてくれない新しいスキルを学ぶ必要があるのだ。

男はこれまで、愛情表現やポジティブな言葉がパートナーにもたらす価値を教えられてこなかった。相談して物事を決め、忙しい相手を助け、恋愛感情を持続させる工夫をし、カッとならずに議論をし、相手の気持ちに耳を傾ける方法を学んでこなかった。

女も同じだ。相手との違いを認め、不満をぶつけることなく自分の求めていることを伝え、恋愛感情を持続させるためにうまく役割を担う方法は、誰も教えてくれなかった。

変えるべきはパートナーではなく自分自身

お互いが求めているものを理解し合えるようになるのは簡単ではない。だがその実現を目指す旅は、**いまこの瞬間から、自分一人でも始められる。あなたが変われば、パートナーとの関係も変わる。**一方が良いパートナーになれば、相手も自然とそうなるものなのだ。

『ベスト・パートナーになるために』の刊行以来、行く先々で、「パートナーにあの本を読ませるにはどうすればいいですか?」と尋ねられる。

だが私は、「無理に読ませる必要はありません」と答える。なぜなら相手に、「私に不満を持っているから、こんな本を読ませようとするんだ」と身構えられてしまうからだ。まずは自分で本の内容を実践すれば、相手は自ずとその本に興味を持ってくれるようになる。

本書も同じだ。まずは自分を変えること。相手を自分の思い通りに変えなければ幸せになれないという考えはおかしい。それに相手にも自主的に成長する余地がなくなってしまう。

たしかに、多くを与えれば多くを得られることもある。だが、何かを得たいがために相手に何かを与えるのは、見返りを求めていることになる。それではうまくいかない。相手は、支えられているというよりも、操られていると感じてしまうだろう。

相手と豊かな関係を築こうとするのは間違っていない。だが、そのためにパートナーを変えようとするのは間違っている。満足が得られないのなら、まずは自分が変わることだ。自分が変われば、パートナーも新たな側面を見せ始める。本書でこれから説明していくように、誰でも自分の力で幸せを見つけられる。そうすれば**見返りを期待せずに、相手に愛情や支えを与えられるようになる。それは、自分が多くを得ることにもつながっていくのだ。**

満ち足りた関係を確実につくる〝成功の方程式〟

うまくいっていないカップルは、相手への不満をたくさん抱えているものだ。だが、相手を責めるという発想から離れ、問題の原因は自分にもあると考えない限り、いつまでたっても良い関係は築けない。幸せになるのを相手に頼っているから、不満が募り、パートナーを責め、自分は悪くないと反論する。互いを罵る言葉がテニスボールのように行き交う。必要なのは非難ではなく、愛情に満ちた関係を取り戻す方法を学ぶことなのに。

本書では、相手を責めず、支え合うことで満ち足りた関係をつくる方法を紹介していく。自分一人で満ち足りた気持ちを味わえるように工夫しているからこそ、相手に愛情を与えられる。現代のカップルに必要なものが何かを理解しているからこそ、充実した関係を築き、パートナーを支えやすくなる。

愛情に溢れる充実した関係は、次の3つのステップで達成できる。

1．パートナーではなく、自分の行動や気持ちを変える。
2．パートナーに愛情を注ぐ。相手もそれに応えてくれるようになる。
3．お互いが満足度を高め、それまでより多くの愛情を与え合うようになる。

これが成功の方程式だ。**失敗の方程式は、与えるよりも先に多くを期待することだ。**女性は、〝自分はこんなに尽くしているのに、相手は何もしてくれない〟と考えがちだ。

そして、自分がしてほしいことを男性にもしようとする。だが、それは男性が本当に求めているものではないことが多い。男女には思考や感情に大きな違いがある。それを理解していなければ、必要な支えを相手に与えられないし、よかれと思ってしたことも裏目に出てしまう。

男と女の新たなニーズ——相手にとって一番大切なものは何か

一昔前の男に求められたのは、〝生存と安全〟という女性のニーズを満たすことだった。だが**現代の女性は、気持ちの分かち合い、恋愛感情、親密なコミュニケーション、対等な尊重といった、新しい愛の表現を求めている。**また、自立や自己表現も強く求めるようになった。

男にも、女性とは違う新しい心のニーズがある。男は、〝パートナーを幸せにしている〟と思いたいのだ。家族を養うことを人生の成功基準と見なせた過去とは違い、妻や子供を幸せにしようとする努力を評価され、感謝されたいと思っている。

本書でこれから詳しく説明していくように、この新しい心のニーズを知ることは、不満をぶつけ合うような関係から抜け出すために重要だ。私たちは**相手にとって一番大切なものを知ることで、それを与えられるようになるから**だ。

真の幸せをつかみとるために必要な、恋愛関係のスキル

〝成功すれば幸せになれる〟と誤解している人は多い。だが真の幸せをもたらすのは愛情だ。社会的な成功だけで幸せになれるのなら、なぜ今日もメディアには有名人の不幸なニュースが溢れ、抑うつや不眠症に悩む金持ちが少なくないのだろう。愛情がもたらす真の幸せは、想像もできないほど素晴らしいものだ。現代人は、金やモノで幸せになれるという言葉に踊らされ、愛の力がもたらす計り知れない価値を見失っている。

私は初めてこの新しい愛の力に気づいたときのことをよく覚えている。それまでも妻を愛していたが、金を稼ぐことこそが自分に求められている役目だと考えていた。結婚6年目のある日、妻のボニーと愛し合った後でこう伝えた。

「素晴らしかった。初めてのときみたいに良かったよ」

ボニーはしばらく間をとってから、こう言った。

「私は、初めてのときよりいいと思ったわ」。なぜかと尋ねると、ボニーはこう答えた。

「初めてあなたと愛し合ったときはたしかに素晴らしかったわ。でも、まだお互いをよく知らなかった。6年経って、あなたは私の良いところも悪いところも全部見てきた。それ

でもまだ、私を愛してくれる。だから、今の方がいいと感じるんだと思うの」

その瞬間、私はこの6年間さまざまな形で愛情を伝え合ってきたことが、セックスを充実させていたのだと気づいた。特に男にとって、セックスは愛につながる扉のようなものだ。だが長年愛情を育んでいくうちに、それは愛の表現形態の一つに過ぎなくなる。

本書を読むことで、**現代の男女にとって愛を確かめるための方法が、肉体的に愛し合う以外にもいくつもあることがわかるようになるはずだ。**

恋愛と人生を充実させる方法は、学ぶことのできる知識であり技術だ

女性を幸せにできないかも、という不安から結婚に二の足を踏む男性は多い。だが、正しい知識があれば心配は無用だ。逆に言えば、この知識がなければ、結婚後に相手への情熱は薄れてしまう。

この新たな知識を得た男性は、自分に何ができ、何ができないのかを理解できるようになる。女性の幸せの責任をすべて背負っているわけではないと考えられるようになるので、パートナーが不満そうにしていても、自分を責めなくなる。男の自分には打つべき手がない状況も見極められるので、下手に事態を悪化させず、パートナーが自力で立ち直るのを待てるようにもなる。相手が一番喜ぶタイミングで、愛情を与えられるようになる。

現代では、男に失望して結婚しない女性も多い。非現実的なほど大きな愛を男性から与えてもらいたがるが、それを得る明確な方法もなく、結局は結婚を諦めてしまう。だが本書が示す新たな知識に従えば、自らの内なる女性の力を活用できる。すると、相手も自らの内なる男性の力を活用して、女性の求めるものを与えてくれるようになる。

現代人は、恋愛や人生を充実させたいと願っている。嬉しいことに、それは実現できる。これからさっそく、それを得る方法を学んでいこう。

まとめ

・現代の男女は、自由に自分を表現できるようになり、従来よりもパートナーに心の支えを求めるようになった。だがそれによって、ストレスや問題に直面するようにもなった。

・まず自分が変わることで、見返りを期待せずに、相手に愛情や支えを与えられるようになる。その結果、愛情に満ちた関係を築けるようになる。

・恋愛と人生を充実させる方法は知識であり技術である。それはお互いの違いを知り、最適なタイミングで愛情を与え合うことだ。

一人になりたい男、話を聞いてほしい女 ―― 目次

はじめに

——男女の違いを深く理解することが、恋愛と人生を充実させるためのカギ

第1章　火星と金星を超えて

——一人ひとり違う男らしさと女らしさのバランスを知ることが、なぜ重要なのか

第2章 ロールメイトからソウルメイトへ
――互いに成長し合える関係になることがもたらす計り知れない価値

第3章 恋愛のなかで本当の自分を表現する
——幸福度を高め、ストレスを減らすためにカップルができること

第4章 男女の違いを知れば、いつまでも色褪せない魅力と情熱を保てる
——女はもっと話をしよう、男はもっと話を聞こう

第5章

男は女にこうしてほしい

――男のテストステロンを上手にコントロールすれば、恋愛はうまくいく

第6章 女は男にこうしてほしい

――女のエストロゲンが幸せを呼ぶ

第7章 女性の幸福のカギを握る4つのホルモン

——カップルが必ず知っておきたい、ホルモンバランスに合わせた愛情の秘訣

第8章 相手時間・二人時間・自分時間

——カップルの愛を格段に深める、3つの時間の使い方

第9章 聞いてほしい女、褒められたい男
——不満をぶつけ合わずに、上手に言いたいことを伝えるには

第10章 男と女が求めることはこんなに違う
——相手が求めているものが何かを知らなければ、本当の愛は与えられない

第11章 ふたりが力を合わせれば人生は変わる

――女の感謝と男の共感が〝一生別れないカップル〟をつくる

第12章 不満をぶつけ合わない男女関係

――生涯をかけて高次元の愛を求めていくために

第1章

火星と金星を超えて

——一人ひとり違う男らしさと女らしさのバランスを知ることが、なぜ重要なのか

『ベスト・パートナーになるために』を現代版にアップデートする

前作『ベスト・パートナーになるために』のテーマは、〝男と女は火星人と金星人ほど違う生き物であり、そのためにさまざまな問題や誤解が生じている。それを乗り越えるにはどうすればよいか〟だった。それから25年以上が経過し、男女の関係は驚くほど変化した。私たちはもはや、男と女のステレオタイプに縛られることのない自由な社会に生きている。その結果、男女の役割も以前のようにはっきりとは区別できなくなった。

男と女が相手に求めることも変わった。だが私たちはそれに気づかずストレスや不満を感じている。現代人には、男女の違いを尊重し、無理解から生じる問題に対処できる、従

来の〝火星人と金星人〟という概念を超えた新しい知恵が必要なのだ。『ベスト・パートナーになるために』の内容は、現代でも色褪せていない。とはいえ、時代に合わせてアップデートしなければならない。〝男は火星から、女は金星から来た〟というアイデアはポップカルチャーの一部になるほど広く受け入れられ、世界中の男女のコミュニケーションの向上に役立ってきた。だがあまりにも人気を博し、刊行から長い年月を経たこともあって、その意味は単純化され、歪められるようにもなった。

たとえば、本を読まずにタイトルだけを見て、「なるほど、男と女はまったく違う生き物で、永遠に理解し合えないのだな」という印象を抱く人がいる。だがそれは、私があの本で言いたかった**〝男女がお互いの違いを尊重していれば、違いから生じた問題に直面してもうまくコミュニケーションできる〟**という主張とはかけ離れている。もちろん、違いを理解するだけで魔法のようにあらゆる問題を解決できるわけではない。だが良いコミュニケーションができれば、どんな状況であれ物事を良い方向に導きやすくなる。

恋愛の誤解を生む、12の主な男女の違い

火星人／金星人というアイデアを時代に合わせて新しくとらえなおす前に、まずは前作のおさらいとして、男女の主な違いを12個の項目で表したものを見ておこう。

この違いが、恋愛における誤解を生む大きな原因になっている。ただし現代では、外で働くことが多くなった女性には火星人の傾向が、家事をすることが多くなった男性には金星人の傾向が見られるようになった。〝自分とパートナーは、どちらがどれくらい火星人で、金星人だろう？〟と考えながら読んでみてほしい。

<table>
<tr><th>項目</th><th>火星人の傾向</th><th>金星人の傾向</th></tr>
<tr><td>1．価値</td><td>自立</td><td>共有</td></tr>
<tr><td colspan="3">火星⬇自立、成果、成功が大切。他人と差をつけることが最優先。
金星⬇分かち合い、配慮、支え合いが大切。愛を与え合うことが最優先。</td></tr>
<tr><td>2．ストレスへの対処</td><td>引きこもる</td><td>つながる</td></tr>
<tr><td colspan="3">火星⬇ストレスを感じると、充電のために〝洞窟〟に引きこもり、問題から距離を置いて解決策を探そうとする。
金星⬇近くの人に相談し、共感や支えを得ることでストレスに対処しようとする。</td></tr>
<tr><td>3．相手に与える愛情の量</td><td>公平</td><td>できるだけ多く</td></tr>
</table>

火星→相手と公平と思える量の愛情や支えを与え合うことをよしとする。

金星→できるだけ多くのサポートを相手に与えようとする。自分が受けとる以上の量になることが多く、結果として疲れ、腹を立てやすい。

4. 愛情表現のタイミング	周期的	継続的

火星→一度近づいたら、しばらく距離を置き、再び愛情を感じたときに戻って来たい。

金星→いつでも近くにいて、愛情を表現し合いたい。

5. 愛情表現の評価ポイント	大きさ	回数

火星→愛情表現の大きさが重要。32本のバラを贈れば32ポイントが得られると期待する。

金星→愛情表現の回数が重要。1度の愛情表現はあくまでも1ポイント。32本のバラを受けとっても、1本のバラを受けとっても1ポイント（つまり火星人が32ポイントを得るには、金星人に1本のバラを32回贈らなければならない）。

6. 気分	安定	波がある

火星→気分は安定している。愛情が必要なタイミングは周期的に訪れる。愛はゴムバンドを引っ張るようにゆっくり離れていき、最後に勢いよく戻ってくる。

	火星	金星
		金星⬇気分は波のように変化する。愛されているという安心感が必要。理解され、受け入れられているという感触を得ると、嫌な気持ちや不安はポジティブな感情に変わる。
7．コミュニケーションの目的	実用性	つながり
	火星⬇会話の目的は問題解決や目標達成のための情報収集。	金星⬇会話の目的は問題解決だけではなく、つながりや共感を得ること。
8．相手への要求の伝え方	直接的	間接的
	火星⬇単刀直入に用件を話し、欲しいものを求める。	金星⬇〝自分が受けとりたいものを相手に与える〟という黄金のルールに従う。そのため、自分が与えていれば、こちらから求めなくても相手も与えてくれるはずだと期待する。
9．親密さの表現で大切なこと	セックス	ロマンス
	火星⬇自分と同じようにセックスを望み、楽しむパートナーを求める。セックスは愛を確かめるのに役立つ。	金星⬇寝室の外で愛情を示されることが、寝室の中と同じくらい重要。愛されていると感じることが、セックスへの欲求を高める。

10. 問題解決	行動をとる	人の協力を求める

火星⬇問題に直面すると、即座に行動する。とれる行動がない場合は、何かできるようになるまで放っておく。

金星⬇問題について話し合い、一緒に解決に取り組んでほしいと考える。

11. 恋愛で壁にぶつかったとき	正そうとする	もっと多くを与えようとする

火星⬇原因を分析し、問題を解決しようとする。

金星⬇後悔を感じ、間違いを補うために相手にさらに愛情を与えようとしたり、改善策を考えたりする。

12. 幸福	目標が大切	関係性が大切

火星⬇意義のある目標を達成したときが幸せ。課題の克服に大きな満足感と誇りを覚える。

金星⬇個人的な愛の欲求が満たされたときが幸せ。相手と愛を与え合えると実感できる。

私は火星人？ それとも金星人？

年々、女性が男（火星人）らしい行動を、男性が女（金星人）らしい行動をとる機会は増えている。表の見出しを〝男性と女性〟ではなく〝火星人と金星人〟としたのもそのためだ。従来とは逆に、〝女は火星から、男は金星から来た〟というカップルもいれば、〝やはり男は火星人で女は金星人だ〟というカップルもいる。この男女の違いがどんなときに表れやすいのかを意識していると、そこから生じる問題に対処しやすくなる。

自分と反対のジェンダーの役割を担おうとする男女が増えるのは望ましいことだ。世間体など気にせず、本当の自分自身でいられる自由が広がっているということだからだ。とはいえ**従来の火星人／金星人の役割を抜け出そうとするとき、実際には一つの狭い枠組みを出て、もう一つの狭い枠組みに入ろうとしているだけというケースもある。**

特に現代の女性は、仕事で男性と同じ役割を担うことで、ストレスや疲労、落ち込みを感じ、くつろぎや楽しみを味わいにくくなっている。

ジョアンは法律事務所の弁護士で、仕事が忙しく家でも心からはくつろげない。自分より稼ぎが少ない夫のジャックにはパートタイムの仕事をしてもらい、子育てと家事を任せている。ふたりは支え合っているが、他の多くのカップルと同様、恋愛感情は薄れている。

私がパーティーの席で「新しい本を書いている」と告げると、ジェンダーの違いなど重要ではないというジョアンはこう答えた。

「私は『ベスト・パートナーになるために』には共感できませんでした。男と女がそんなに違う生き物だとは思わないから」

ジャックが言った。「あの本は真理をついていると思います。ただし、もし〝女は火星から、男は金星からやってきた〟というタイトルだったら、の話ですが。それはまさに僕たちのことです。僕たちは普通のカップルとはまるっきり違う」

後日、どんなところが他のカップルと違うのかと尋ねると、ジャックは笑って答えた。

「あらゆる面で違っています。僕はあの本を読みましたが、妻は間違いなく火星人です。あの本には女性は話をしたがっていると書かれていますが、ジョアンは帰宅しても忙しくしていて話をしようとしません。話をするときは、男のようにすぐに答えを探そうとします。その日の出来事をただ分かち合おうとはしないのです。金星人のように相手との結びつきを求めているのは僕の方です。その日の出来事を話そうとすると、ジョアンはイライラして、解決策や提案で話を中断しようとします。こちらの気分を伝えても、そんな感情は持つべきではないと言われます。家に帰ると自室にこもってニュースを見たり、パソコンで仕事をしたりしています。僕が言い出さなければ一緒に外出もしません。夫婦の時間をつくるのが、とても難しく感じます」

女性化する男性、男性化する女性

現代の男女は求められる役割が変わり、**古い価値観から解放され、男性的、女性的な特性を自分のなかに受け入れるようになった。**以前と比べて男はキャリア志向の女性をサポートするようになったし、女は金を稼ぐよりも自分らしく生きることに価値を見いだす男性に理解を示すようになった。

男女が経済状況や年齢などに応じて役割を柔軟に担えるようになったことは、私たちの脳や身体にも影響を及ぼしている。最新の研究によって、人の日中の行動が脳を変化させ、それに応じて体内でさまざまなホルモンの分泌が促されることがわかっている。

肉体労働や弁護士などの従来は男性が担ってきた仕事をすると、男女ともに男性ホルモンであるテストステロンの分泌が刺激されやすい。一方、保育士や看護師などの従来は女性が担ってきた仕事をすると、男女ともに女性ホルモンであるエストロゲンの分泌が刺激されやすくなる。その結果、女性が伝統的な男性の役割を担うと家庭では火星人の傾向が、男性が伝統的な女性の役割を担うと家庭では金星人の傾向が見られるようになる。

だが男性的な仕事をしている女性は、男性ホルモンと女性ホルモンの健全なバランスをとるために家庭では女性らしさを表現すべきだ。このバランスがうまくとれなければ、退屈や不満、空虚さ、不安などを感じやすくなる。

同じく、日中は誰かの世話をするような女性らしい活動をしている男性は、パートナーとの関係では男らしさを表現することがホルモンのバランスを保つために重要になる。

カップルが恋愛感情を失ってしまう大きな理由は、男らしさと女らしさのバランスをとることの重要性とその実現方法を知らないことだ。男性が男らしさを、女性が女らしさを抑えていると、ふたりの関係には退屈や不安が生じ、情熱が奪われやすくなる。男は柔和で感情的になりすぎ、女はきつく冷たくなりすぎてしまう。男のエネルギーレベルは低くなり、仕事に追われている女は落ち着かなくなる。以降の章では、こうした抑圧がもたらすさまざまな症状と、健全な男らしさ、女らしさのバランスを回復させる方法を説明していく。

適切なホルモンバランスを見つける方法

男らしさと女らしさのバランスは意識していないととりづらい。

女性だが男性的な仕事をしているジョアンは、帰宅すると洞穴に籠もろうとする（火星人の傾向）。男性だが女性的な活動をしているジャックは、話をしたいと思っている（金星人の傾向）。一日の仕事を終え、ジャックとジョアンはどちらも気分が良くなることをしようとしている。だが、それが最終的にふたりにとって良いものになるとは限らない。私たちは無意識に、パートナーとの関係を悪化させる行動をとっているのだ。

帰宅したジョアンは、自分の殻にこもったりせず、今の気持ちをパートナーと分かち合うことの方がリラックスできるし、心も切り替えやすい。

ジャックもバランスをとるために、日中は抑えていた男らしさを取り戻すための時間が必要だ。帰宅した妻には、子育てをして過ごした一日の出来事を話したいと思う。だがまずは洞窟タイムをつくったり、ジョアンの話に耳を澄ませたりすることの方が、男らしさと女らしさのバランスをとりやすくなる。**男性がしゃべりすぎると、カップルの恋愛感情が薄れやすくなることがあるのだ**（理由は後述する）。

カップルが恋愛感情をすり減らしてしまう理由

日中の行動に引きずられ、ジョアンは自宅でも無意識に男性的な行動を、ジャックは女性的な行動をとろうとする。ふたりは気がつかないうちに、互いに距離をつくり、ストレスを増やしている。だが、男らしさと女らしさのバランスについて理解することで、ジャックはまずパートナーの話に耳を傾け、その後でその日の気分を分かち合える。ジョアンも心からリラックスし楽しめるような形で、洞窟タイムを過ごせるようになる。

これは、従来の男女の役割に戻れということではない。生物学的な男女の違いを受け入れながら、ふたりの事情に合わせて相手のニーズを理解することが大切なのだ。

火星人と金星人の成分の割合は人によって異なり、正解も不正解もない。パートナーと気持ちを分かち合いたい人もいれば、一人で過ごす時間を大切にしたい人もいる。そのうえで男女の違いを理解することで、必要なサポートを与え合えるようになる。

愛する人への情熱をいつまでも失わないために

自由に役割を選べるようになると、従来は十分に発揮できなかった自分の特性を表現できるようになる。だが、逆にそれまでの自分の特性が抑えられることもある。**男でも女でも、男らしさに偏りすぎると女らしさが、女らしさに偏りすぎると男らしさが抑えられてしまう。**この状態が続くとストレスが増え、ただでさえ大変な毎日がさらにストレスフルになる。

ジョアンは会社では厳しい競争にさらされて忙しく働き、女らしい豊かな感性や協力的な側面を抑えている。家で子供たちの世話をしているジャックは男らしさを抑えている。

職場で女らしさを抑えているジョアンは、家に帰ってもストレスを感じたままだ。

一方、ジャックは〝一人で家族を養わなければならない〟というプレッシャーから解放され、子供たちと一緒に時間を過ごせる自由があり、人の世話をするという女性的な側面は十分に表現できている。だが男らしい競争的な側面を抑えているために、一日が終わる頃には疲れ、パートナーへの依存心が生まれてしまう。

本書が提案する新たな知恵は、ジョアンとジャックのような現代的なカップルだけではなく、男は外で働き、女は子育てをする、という伝統的な形態のカップルにとっても、男らしさと女らしさのバランスをとるために役立つ。

かつては、外で仕事をする男は男らしく、家で子育てをしている女は女らしく振る舞うことが求められた。このように内なる自分の一部を抑えていると、真の自分を表現して生きることが難しくなる。

幸い、男性と女性に対して社会が求めるものが変わったことで、男らしさ、女らしさのバランスはとりやすくなった。たとえば夫の給料で生計を立て、自宅で子育てをすることを選んだ女性は、パートタイムの仕事をすることで、内なる男らしさを表現できる。同じく、一家の稼ぎ手である男性も、仕事量を減らす、趣味の時間を楽しむ、子育てにもっと参加する、といった形で女らしさを表現できる。

しかし、こうした変化によって、内なる側面の別の部分が抑えられることもある。定年退職をした男性は、日々のやりがいのある仕事から離れ、楽しみ、くつろぐことを第一に生きようとする。だが、そのことによって男らしさを発揮できず、ストレスを増やしてしまう。引退して、ようやくストレスから解放されると思っていたのに、だ。このストレスは健康に深刻な影響を及ぼす。退職後の3年間で、男性の心臓病の発生リスクは急上昇する。

役割が変われば、カップルが相手に求めることも変わる。当然、そのことを理解していかなければならない。適切な愛情を与えれば、パートナーはバランスをとりやすくなる。

人生の新たな可能性を切り開く

以降の章では、**男女が従来の関係性から解き放たれたときに直面する問題や可能性を探求していく**。自らの内側にある男性的、女性的な側面を表現しやすくなった現代の男女の目の前には、大きな愛情や成功、幸福をつかみとるチャンスが広がっている。同時に、さまざまなトラブルにも見舞われやすくなった。

〝相手の考えが違いすぎて、うまくいかない〟と嘆く人は多い。だが男と女の違いをポジティブにとらえられれば、パートナーを深く理解し、愛情を注げるようになる。

人は一人ひとり異なっている。だからこそ他人に魅力を感じるのだ。足りないものを補い合えるふたりは引き寄せられる。誰もが、愛する人や世の中に貢献できる特別な何かを持っている。自分では当たり前だと思っているものが、誰かにとっては特別な何かなのだ。

男らしさと女らしさのバランスを知ることで、自分らしく振る舞えるようになる。パートナーが何を求めているかについての新たな視点も得られる。

それによって、あなたはもっと幸せになれるし、もっと良いパートナーになれるのだ。

まとめ

・「男女がお互いの違いを尊重していれば、違いから生じた問題に直面してもうまくコミュニケーションできる」という前作『ベスト・パートナーになるために』のテーマは、まったく色褪せていない。

・カップルが恋愛感情を失ってしまう大きな理由は、男らしさと女らしさのバランスを保つことの重要性とその実現方法を知らないことだ。

・男らしさと女らしさのバランスを知ることで、自分らしく振る舞えるようになる。パートナーが何を求めているかについての新たな視点も得られる。

第2章 ロールメイトからソウルメイトへ
——互いに成長し合える関係になることがもたらす計り知れない価値

新しい男女のあり方が必要になりつつある

セミナーで「親が離婚せずに仲良く暮らしている人は?」と尋ねると、だいたい半数の参加者が手を挙げる。次に、「では、自分は親よりもコミュニケーション能力や男女関係のスキルが優れていると思っている人は?」と尋ねると、ほぼ全員が手を挙げる。

親よりも高いスキルがあるのに、なぜ私たちはパートナーとうまくいっていないのか? シングルの人や離婚する人が多いのはなぜなのだろう?

現代人は一般的にコミュニケーション能力が高く、恋愛のスキルも親世代より優れている。**この数十年、カップルは新しい男女のあり方を求めてきたが、期待が高いわりに、そ**

の実現方法は理解されていない。その結果、大勢のカップルが失望している。

私たちの親や祖父母の世代は、パートナーが役割（ロール）を果たしていれば、それに満足した。これは「ロールメイトの関係」だ。だが今日求められているのは、お互いが自分を嘘偽りなく表現でき、高いレベルの心の満足度を味わえる関係だ。それは、魂（ソウル）でつながり合う、「**ソウルメイトの関係**」だ。

現代のカップルが、世の中の変化によって生じたストレスを減らすためのもっとも効果的な方法は、心を豊かにするソウルメイトになることなのだ。

ロールメイトの関係——男が働き、女が子育てをする古いスタイル

ロールメイトの関係は、男が外で働き、女が家で子育てをするという典型的な男女の役割（ロール）に基づいている。その主目的は、家族の衣食住や安全を確保することだった。パートナー選びでは、恋愛感情よりも役割を果たす能力が重視された。

シェイクスピアの名作『ロミオとジュリエット』は、ロマンチックな恋愛の代名詞だ。結婚した直後に命を絶ってしまうロミオとジュリエットだが、もしふたりが生き続けていれば、伝統的な役割を強いられ、情熱のない結婚生活を送ったかもしれない。

現代の恋愛でも、ソウルメイトの関係を築くためのスキルがなければ、ロミオとジュリ

エットの時代と同じく、情熱は一時的なもので終わってしまうだろう。だが、**自分らしさを表現する自由と心の支えがあれば、恋の始まりと同じ情熱を生涯保てるようになる。**

現代の男女は「高次元の欲求」を求めている

ロミオとジュリエットが短い人生を終えた16世紀、恋愛感情は一時的なものだと見なされて軽視され、結婚相手は親が選んでいた。

だが過去2世紀、とりわけこの50年間で、社会は大きく変容した。女性が高等教育を受け、経済的に自立するにつれ、男女のパートナー選びの基準は変わった。男に頼らなくても生きていけるようになった女性は、夢を追い求めて自由に行動できるようになった。離婚もしやすくなった。

女性にとって男の社会的地位や富は相手選びの絶対的な基準ではなくなり、恋愛が大きな位置を占めるようになった。恋に落ちた相手と結婚したいと思うようになり、心を満たしてくれるパートナーを求めるようになった。男性のパートナー選びも変わった。家事の能力ではなく、相手にどんな感情を抱くかを重視するようになった。

唯一の稼ぎ手であることのプレッシャーから解放された男は、夢を追いかけやすくなった。パートナーとの愛情を深め、趣味を楽しみ、子育てに積極的に参加する余裕もできた。

産児制限が一般的ではなかった時代では、女性は妊娠と同時に結婚し、夫の経済力に頼って生きていかなければならなかった。性交渉をするには結婚しなければならないという世の掟もあった。だが婚前交渉が社会的に認められるようになり、男女はキャリアアップや教育に費やす時間や、心を満たしてくれる相手を選ぶ時間を手にした。

今日の男女は、生きていくために以前のように互いに依存する必要がなくなった。その結果、心の支えや個人的な充実感を満たしてくれる相手を探すようになったのだ。

心理学者のアブラハム・マズローは１９４３年、人間の欲求には5段階の階層があるという「欲求段階説」を主張した。人は安全や食料などの基本的な欲求を満たすと、愛や承認、自己実現などの高次元の欲求を満たそうとする。男女が互いに依存しなくても基本的欲求を満たせるようになった現代では、カップルは高次元の欲求を求めるようになった。

食べ物や安全のために男を必要としなくなった女性も、一家の唯一の稼ぎ手ではなくなった男性も、人間の基本的な欲求を満たすだけでは満足できず、心の充足や愛、自己表現といった高次の欲求を持つようになった。現代の男女にとって、それはパートナー選びだけでなく、パートナーとの関係を維持していくうえでも大きな指針になった。だが、それを手に入れるための具体的な方法をまだつかめていない。

社会が豊かになり、**男女ともに自立の機会が増えることで、カップルに求められる形は**

ロールメイトからソウルメイトに移行した。永続する愛、ロマンス、心の支え、愛情深いコミュニケーションが重要になってきたのだ。

ソウルメイトの関係——心の満足を求める現代の男女

いま、**男も女も心を満たしてくれる関係を望んでいる。恋に落ち、いつまでもその愛に包まれながら暮らしたいと願っている。**物質面を満たすだけのロールメイトではなく、感情を豊かにし、心から自分らしく振る舞えるようなソウルメイトの関係を築きたいと渇望しているのだ。

パートナー選びでは、相手に深い愛情を抱き、それをさまざまな形で表現することが重要になった。逆に恋愛が終わる理由も、昔に比べ物質面よりも精神面が原因になることが多くなっている。

私のカウンセリング現場の例を見てみよう。パートナーと離婚したがっているキャロルは、「私は相手に尽くしているのに、見返りがありません」と言う。

「彼にはもう愛情がないのです。私に興味を示してくれません。すべては変わってしまいました。彼のことは愛していますが、恋愛感情はありません。同じ家に住んでいるルームメイトみたいなものです。私はもっと愛されたいし、感謝されたいのです」

彼の稼ぎはいい。問題は、心が満たされないことだ。キャロルはもっと愛情を示してほしい、自分に興味を持ってほしい、特別な気持ちや愛情を感じたい、と願っているのだ。

別の例を見てみよう。離婚したがっているトムは、「僕が何をしても、彼女を幸せにはできません。彼女がストレスを感じていると、もうお手上げなのです」と言う。

「彼女は機嫌が悪いと、まるで僕がその原因であるかのように振る舞います。以前はそんなことはなく、帰宅すると幸せな気持ちになりました。彼女から感謝され、愛されていると実感できました。でも今は、彼女には気持ちの余裕がなくなったように思えます。寝室の中でも外でも、一緒にいて楽しめなくなりました。寝室で愛し合いたいと伝えると、イエスとは言ってくれますが、義務感にかられてそう答えているような気がします。セックスは退屈なルーチンになってしまいました。私は充実した性生活を送りたい。情熱のない結婚などまっぴらです。恋をしていたときのように彼女を愛していたいのです」

トムはパートナーの家事に不満を感じているのではない。自らも料理や掃除、育児に協力している。失望しているのは、心の満足が得られないからだ。パートナーの心を明るく照らしたい、恋愛の初めの時期のような情熱的なセックスを楽しみたいと思っているのだ。

従来の火星人と金星人の役割を越えようとする現代のカップルも同じ問題に直面している。恋愛初期の情熱を失いたくないのに、そのための具体的な方法がわからないのだ。

〝恋愛感情が薄れていく〟という問題

この50年のあいだに、人々の生活はさらに複雑でストレスフルになった。仕事や通勤に費やす時間は長くなり、医療費や住宅費、食費は上昇し、仕事と育児を両立しなければならない共働き世帯も増えた。インターネットや携帯電話などのテクノロジーの普及によって、私たちが直接的に触れ合う時間は減ってしまった。**男も女も、社会で成功する機会が増えた分、家庭では孤独や疲労を感じやすくなった。**

今、現代人が経験している大きなストレスは、男女の関係を損なっている。私たちは忙しすぎて、異性への関心や愛情を保てなくなっている。日々のストレスによって、家庭や職場で相手を気遣うエネルギーや忍耐力を奪われている。

男は家族のために心血を注いで働いている。なのに、家に帰る頃には仕事で疲れ果て、家族とろくに会話もできない。女も一日働いて帰宅するが、夫が家事を満足に手伝ってくれないと腹を立て、心を閉ざしてしまう。

ストレスにさらされると、人は目の前の行動の意味を見失いがちになる。一生懸命に働いているのは愛する人のためであることを忘れてしまう。そして、情熱は冷めていく。

忙しく、疲れていると何が問題か

私は、男女の違いをテーマにした講演旅行で世界を巡るなかで、ストレスの増加が男女の関係に新たな影響を及ぼしているのを実感している。〝忙しくて、恋愛に正面から向き合うだけの時間や労力はない〟と考えている現代人は多い。

男女どちらも自分のストレスへの対処で手一杯で、相手にも十分にかまってもらえないと感じている。その結果、ふたりの情熱は次第に失われていく。

離婚の原因には、経済的な問題や浮気、薬物中毒、暴力など昔から変わらないものもある。だが現在では、ストレスに伴う心の不満足が大きな要因になっている。

世界各地での研究は、女性が高い教育を受け、経済的に自立していくにつれて、未婚率や離婚率が高まり、幸福度が低下し、ストレスレベルが上昇することを示している。だが実際には、高い教育を受けて経済的に成功した、ストレスの少ない幸せな結婚生活を送っている女性はたくさんいる。つまり重要なのは、教育や経済的自立の有無ではなく、時代の変化から生まれる新たな欲求を満たす方法を知っているかどうかなのだ。

どれだけ職場環境が改善されても、生きている以上ストレスは完全には避けられない。ストレスにうまく対処できるかどうかは、大切な人との時間の過ごし方がカギを握っている。私の場合も、不満や失望、不安でいっぱいの一日を過ごしても、愛する妻の待つ幸せな家に戻ることを思えば、嫌な気持ちが消えていく。

ストレスを減らし、自尊心を高める方法は他にもたくさんある。だがなかでも、大切な人と愛情豊かな関係を築くための具体的な方法を知っていることは重要だ。幸福感や充実感、使命感や生きがいなど、価値あるものが手に入りやすくなる。

恋愛は苦しみの原因にもなれば、人生のさまざまな問題を解決するための手段にもなる。問題やストレスの源ではなく、支えや快適さが待つ安全な隠れ家にもなるのだ。

愛を通じて共に成長する

誰かに心を寄せるとき、相手にそれをどう受け止められるかは、私たちの感情や相手への愛情に大きく影響する。見知らぬ人からはもちろんだが、大切な人から拒絶されたときの悲しみはさらに大きい。**人生で経験する最大の心の痛みは、一番大切な人と愛を分かち合えなくなることだ。**

本書では、うまくいかないときに相手を責めるのではなく、思いやりと感謝の気持ちで関係を築いていくための方法を説明する。自分を深く理解し、大切にする方法を学べるので、疲れたパートナーから愛情を与えてもらえないときも自分を保てるようになる。ソウルメイトと呼べる関係になったパートナーに対しても、不満や失望を感じるときはある。だが、**それぞれのジェンダーの特性をよく知っていれば相手に寛容になれる。非現実的な期待や、一方的な非難、思いやりのない決めつけを避けられる。**

パートナーが愛情を示してくれる日には、お互いの愛をしっかりと確認できる。そうでない日には、ギアを変えて自分自身で気分良く過ごせばいい。パートナーの調子に合わせてこちらまで気落ちする必要はない。愛情を感じるときに十分に受け止めればいいのだ。

パートナーに頼らずに気分良くいられるようになれば、辛い思いをしている相手を思いやり、精一杯の努力をしてくれていることに感謝できるようになる。パートナーの愛を感じるときは、もっと愛情を示したいと思うようになる。

人は自分を知るほど、パートナーとの深い愛情と信頼のなかで成長できる。そこで生じる新たな力が、ソウルメイトの関係をつくり出す。

この種の成長は、漠然とした関係からは生まれない。私自身、妻との長い結婚生活のなかで、互いの成長ぶりを振り返り、驚くことがある。私たちは互いの長所と短所を受け入れ、紆余曲折を味わいながら壁を乗り越えてきた。時間をかけ、愛情を伝える方法を学びながら、素晴らしい関係をつくり上げてきた。

この愛の旅は長いドライブ旅行のようなものだった。カーブを曲がる度に、目の前には想像もしていなかった新たな眺望が開けていく。40年前に旅を始めて以来、何度も道に迷い、ガス欠になり、スピード違反の切符を切られ、タイヤがパンクした。だが、一つ問題を乗り越えるごとに、新しく美しい景色が私たちを待っていた。

ソウルメイトの関係は無自覚なままではつくれない。**自分に忠実になり、包容力のある愛を育み、過去の過ちを許し、うまくいかない自らの言動を修正し、パートナーの短所を受け入れ、何度も繰り返し心を開こうとする勇気を持つことで達成されるもの**なのだ。

まとめ

・現代の理想的なパートナーシップのあり方は、パートナーが役割を果たしていれば十分だった「ロールメイトの関係」から、お互いが魂でつながり合う「ソウルメイトの関係」に変わった。

・大切な人と愛情豊かな関係を築くための具体的な方法を知っていれば、ストレスを減らし、自尊心を高め、幸福感や充実感、使命感や生きがいが得られる。

・ソウルメイトの関係は一朝一夕には築けない。お互いが自分と相手を理解し、何度も失敗しながら、自らを正し、相手を許し、共に成長しながら達成していくものなのだ。

第3章

恋愛のなかで本当の自分を表現する

——幸福度を高め、ストレスを減らすためにカップルができること

女性の「男らしい」部分、男性の「女らしい」部分

伝統的な男女の役割から解放されてソウルメイトの関係を築こうとすると、それまで隠れていた内なる自分に気づきやすくなる。男の女性的、女の男性的な側面だ。

現代の男性は、内なる女らしさを抑えてまで〝男っぽく〟振る舞わなくてもいいし、女性も内なる男らしさを抑えてまで〝女っぽく〟振る舞わなくてもいい。自分なりの男らしさと女らしさのバランスを持った本当の自分として振る舞えるようになったからだ。

抑えてきた男らしさや女らしさを表現すると、大きなエネルギーが解放される。本当の自分をわずかでも表現すれば、生きている実感や活力、愛情や人生への情熱が高まる。

女性にとってそれは、〝人とは違う自らの才能の表現〟という男らしさを十分に目覚めさせることだ。愛が人生の優先事項であることには変わりないが、それを他とは違う形で表したいと思うようになる。家庭ではそれまでのように愛情豊かに暮らしながら、職場ではその愛を自分や他人の能力を最大限に発揮させるために使おうとするようになる。

男性にとってそれは、〝愛と献身〟という女らしさを十分に目覚めさせることだ。男が〝恋をしている〟と認めるのは今では当たり前になった。女性的な愛情が深まるにつれ、男性は自分の欲求だけではなく、他人のための行動をとろうとするようになる。

本当の自分を自由に表現する

原始時代、女と男は互いに尊重し合っていた。女は家族を守るために命をかけて狩りをする男に、男は家族を世話し愛情をかけて子育てをする女に、感謝していた。

人類はその長い歴史を通じて生きることに必死だった。男女は協力してそれぞれの役割を担うことに疑問を抱かなかった。だが文明が発達して社会が豊かになるにつれ、昔ながらの男女の役割にはさまざまな限界が見られるようになった。その結果、男女ともに自分を自由に表現して生き、パートナーとソウルメイトの関係を築きたいと思うようになった。

この現在も進行中の〝ロールメイトからソウルメイトへ〟の変革は、狩猟採集から農耕文明、産業革命、現代のＩＴ時代への移行と同じくらい重要だ。これは男女に真の平等をもたらす基盤となり、世界に平和や愛、共生の時代をもたらす可能性を秘めている。

しかし、この変化がもたらすのは良い影響だけではない。抑えていた内なる男らしさや女らしさを解き放って、本当の自分を表現することは、心の痛みや苦しみの源にもなる。

女性はこれまでの歴史のなかでも、〝自立〟などの男性的特性を表現してきた。だがそれは簡単ではなかった。大きな理由は出産と育児だ。避妊が一般的ではなかった時代、女性が妊娠し、授乳している期間は、人生のかなりの時間を占めていた。何人もの子供を育てるには、経済面と安全面の両方で夫に頼らなければならなかった。

しかし今日、女性は自由に自分らしさを表現できるようになった。結婚や子育ての前に教育を受け、自らのやりたいことを追い求め、社会で能力を発揮し、経済的に自立できるキャリアを選べるようになった。初体験の相手と結婚するのではなく、時間をかけて自分に合ったパートナーを選べるようになった。男性に頼ることなく、自分の好きな道を歩める力を得たのだ。

女性は、仕事と家庭の両方で充実した生活を送れるようになった。だが女性は男性的な自分を表現した後では、適切なバランスをとるために女性的な自分に戻らなければならない。人には誰でも、男らしさと女らしさの独自のバランスがある。このバランスがうまくとれない女性は、ストレスや不満が高まり、抑うつや不安、不眠症や食中毒などになりやすい。正しい知識がなければ、この苦しみを増やす行動をとってしまう。

たとえば女性は、〝愛し、愛される〟という女性的な欲求が満たされないことから生じる孤独や苦しみから逃れるために、〝自立〟といった男性的側面に目を向ける。異性との愛情ある関係ではなく、仕事にエネルギーを注ごうとする。

男らしさに目を向けることで、愛し、愛されるという女らしさから遠ざかっていく。これでは、女性的な側面が満たされないことから生じている苦しみは解決できない。

現代の男性も、世間が求める役割を担うだけではなく、自分らしい生き方を追求できるようになった。婚前交渉が許されていなかった時代とは違い、パートナー選びにかけられる時間も増えた。自信や自立といった男らしさを超え、愛し、愛されるという女性的な欲求に目を向けることで、充実感を味わえるようにもなった。

だが、**自分の楽しみに過度に意識を向けるようになると、男性はバランスを失ってしまう。**私は長年、〝自立〟という男性的な特性を活かさず、パートナーを非難したり過度に依存しようとしたりして、無意識のうちに関係を台無しにしている男性を多く目にしてきた。自らの欲求や感情に意識を向けすぎるあまり、パートナーとの関係にコミットせず、相手が求めることを満たす方法を学ぼうとしなくなる男性もいる。

ソウルメイトの関係を求めていくと、新たな問題にも出合う。だが、そこには大きな充実感が待っている。従来のロールメイトの関係でも、たしかに幸福や満足感を得られた。

だが、**内なる男らしさや女らしさを表現したときに得られる生き生きとした感覚や情熱は、ソウルメイトの関係でしか得られない**ものだ。

恋に落ちると、素晴らしい感覚に包まれる。自分自身を十分に表現できるという安心感がある。情熱や思いやり、知恵に満ちた、高次元の〝無条件の愛〟の存在を感じる。この素晴らしい愛を保つためには、男らしさと女らしさの両面をバランス良く維持するための新たなスキルと知識が必要になる。

私たちのなかの「男らしさ」と「女らしさ」

万人にとって完璧なバランスなど存在しない。**誰にでも独自の男らしさと女らしさのバランスがある。**それを知り、受け入れ、表現することで、愛と幸福に近づける。

以下は、男らしさと女らしさの12の特性だ（特性は他にもあるが、ここでは代表的な12個に絞り込んでいる）。

本当の自分は、これらの特性の組み合わせによって表現される。男らしさと女らしさのバランスは、状況によって変わることもある。たとえば私は、仕事では男らしさを、子供たちと一緒にいるときは女らしさを表現することがある。人生のステージが変わるにつれて男らしさと女らしさの傾向も変わっていく。たとえば独身のときは自ずと「自立」が、結婚すると「共生」が表れやすくなる。

これらの特性は互いに補い合っている。私たちは自分に欠けているものを持っている相

男らしさと女らしさの12の特性

女性的特性	男性的特性
1．共生	1．自立
2．情緒	2．冷静
3．世話	3．問題解決
4．繊細さ	4．強さ
5．協力	5．競争
6．直感	6．分析
7．包容力	7．自己主張
8．受容性	8．積極性
9．誠実	9．有能
10．信頼	10．自信
11．対応	11．責任
12．関係指向	12．目標指向

手に魅力を感じる。

たとえば、自信（男性的）の特性が高い人と信頼（女性的）の特性が高い人は惹かれ合い、自立（男性的）と共生（女性的）の特性が高い人も惹かれ合う。ふたりが愛を育めば、それぞれにないものを高めていける。このプロセスを通じて、私たちは愛を保ち、相手を受け入れ、感謝しながら、全体的な視野を持った人間に成長していけるのだ。

「男らしさ」と「女らしさ」の正体はホルモン

男らしさと女らしさの特性の違いは、単なる概念ではないかと疑う人もいる。だが、これらの男女の特性には、生物学的な裏付けがある。

前述した12の男らしさを表現すると男女ともに男性ホルモンであるテストステロンが増加し、12の女らしさを表現すると男女ともに女性ホルモンであるエストロゲンが増加することがわかっている。

伝統的な役割から解放された私たちが、男らしさと女らしさを自由に表現したとしても、男と女が突然まったく同じ生物になるわけではない。

男と女は生物学的に大きく異なるため、ストレスを減らし、幸福感と充実感を増やすのに必要なホルモンも違う。 当然、そのためにとるべき行動も違ってくる。

この男女のホルモンニーズの違いを理解しておくことで、私たちはパートナーが日々体験しているストレスにうまく対処できる形で愛情や支えを与えられるようになる。これは現代人にとって極めて重要な知識だ。

男女それぞれに特徴的なホルモンを刺激してストレスを減らすことで、私たちは心のバランスを保ち、パートナーを上手に支えられるようになる。

テストステロンは〝男性ホルモン〟と呼ばれる。一般的に、男性のテストステロンレベルは健康な女性の10倍以上にもなる（遺伝的にテストステロンレベルが女性の約30倍にもなる男性もいる。彼らが心身の健康を保つには、男性的な行動を多くとり、女性的な行動を減らして、高いテストステロンレベルを維持する必要がある。逆に、高いテストステロンレベルを維持しなくてもいい男性もいる）。

エストロゲンは〝女性ホルモン〟と呼ばれる。健康な女性のエストロゲンレベルは男性の10倍以上になる（女性も生まれつきのホルモンレベルの違いによって、心身の健康を保つために女性ホルモンを分泌する女性的な行動を多く必要とする人と、そうでない人がいる）。一般的に、テストステロンレベルが高すぎるとエストロゲンレベルは低くなる。このため、男性的な行動が求められる仕事をしていてテストステロンレベルが高まっている女性は、プライベートではエストロゲンレベルを増やす行動をとることが重要になる。

男らしさと女らしさのバランスはこうやって決まる

私たちの男らしさと女らしさのバランスは、遺伝的なものだけではなく、子供時代に他人から受けた愛情も影響している。つまり先天的なものでもあり、後天的なものでもある。

たとえば、子供のときに親から世話をしてもらえず、自分で身の回りのことをしなければならなかった女性は、自信や自立といった男らしさを、信頼や共生といった女らしさよりも優先させていることがある。そのためパートナーを信頼できず、心を開いて〝恋に落ちる〟ことができない。逆に恋愛をすると女らしさに偏りすぎ、相手に過度に多くを求めたり、批判的になったりするケースもある。

父親が協力的でなく、幸せな母親の様子を見ずに育った男性は、反動で男らしさを抑えてパートナーに過度に依存したり、逆に女らしさを抑えて〝マッチョ〟になったりする。

このように、幼少期の愛情不足などのために本当の自分が抑圧されているケースは実に多い。これは短期的には問題を乗り越えるのに役立つことがあるが、長期的にはホルモンバランスに悪影響が生じてしまう。

ホルモンは気分や感情に直接影響する

テストステロンとエストロゲン（や他の女性ホルモン）とのバランスは、私たちの気分や感情、健康、性欲、持久力、意欲、幸福感、愛情などに直接的に影響する（男性は筋肉の成長、女性は脂肪の蓄積にも影響する）。

男女とも、自立や冷静、問題解決などの男性的特性を表現するとテストステロンが分泌されて気分が良くなる。だが、男はテストステロンによってストレスが減るが、女性のストレスを減らすには、女性ホルモンの分泌を促す女性的な行動が必要になる。

同じく、男女とも信頼、共生、世話といった女性的特性を表現するとエストロゲンが分泌されて気分は良くなる。だが女はエストロゲンによってストレスが減るが、男性のストレスを軽減するには、男性ホルモンの分泌を促す男性的な行動が必要になる。

ロールメイトの時代、ストレスは男女の役割という枠に嵌められることから生じやすかった。男は〝マッチョ〟でいなければならず、不満や不安や恐怖など感じずに家族を支えなければならないとされた。女性も、女性らしく振る舞わなければならないというプレッシャーがストレス源になっていた。

しかし時代は変わった。その結果、従来とは逆に**情緒、共生といった女らしさを自由に**

表現できるようになった男性は男らしさが抑えられることがストレス源になり、男らしさを自由に表現できるようになった女性は女らしさが抑圧されることがストレス源になった。

私は40年以上に及ぶカウンセリングを通して、現代の男女が直面しているホルモンのアンバランスを観察してきた。男性が怒りや性欲減退、不満、退屈、意欲低下などのストレス症状を感じているときは、女らしさに傾いているためにテストステロンが低下し、エストロゲンが高まりすぎているケースが多い。この場合、テストステロンを増やし、エストロゲンを減らす行動をとる方法を学ぶことが効果的だ。

だが、女性がテストステロンを上げてもストレスは減らない。**女性がストレスを和らげるには、女らしい行動を増やして、エストロゲンを高めなければならないのだ。**

真の自己を育てる

前述したように、人にはそれぞれ生まれつきの男らしさと女らしさのバランスがある。幼児期、青春期、成人期を通してそれが許される環境にいれば、状況に合わせて真の自己を自由に表現できる人間になれる。

私たちの人生の前半の目的は、ジェンダーの生物学的な違いやニーズに基づきながら、内なる真の男らしさ、女らしさのバランスを見つけ、育て、表現していくことだと言える。思春期になると男性のテストステロンレベルはそれ以前の20倍、女性のエストロゲンレベルは6倍に増加し、このレベルが維持されないとストレスが生じてしまう。

女性が健全なエストロゲンレベルを保つためには、ストレスを減らすために女性的な活動を増やすべきだ。同じく男性がストレスを減らすには、男らしい活動をしてテストステロンレベルを回復すべきだ。

思春期を過ぎると、女性のエストロゲンレベルは35歳前後でピークを迎え、その後に徐々に低下し、テストステロンレベルが上昇し始める（女性は35歳頃に性的な絶頂期に達することが多い）。男性は逆に、35歳前後を境にして徐々にテストステロンレベルが低下し、エストロゲンレベルが増加し始める。

中年以降の男女関係のコツ

男性のエストロゲンレベルと女性のテストステロンレベルが自然に増えるこの時期を境に、高次元の愛を築くために男らしさと女らしさを調和させる新たな旅が始まる。

女性が女性ホルモンの分泌量をうまく保つ方法を理解していないと、エストロゲンレベルの低下と共に自然にテストステロンレベルが増加し、顔面紅潮、不眠症、不安、抑うつなどの更年期症状が現れやすくなる。**女性は閉経後に女らしさを意識的に活発にしないとテストステロンが強まり、ストレスレベルが上昇して不満や怒りなどを覚えやすくなる。**

だが中年期以降も、女性が女らしさを十分に表現していれば、男性ホルモンが増えても女らしさを保てる。

同じく思春期以降、男性のテストステロンレベルは女性の10倍以上になるが、中年期を過ぎるとエストロゲンレベルが自然に上昇する。自分に相応しい男らしさを十分に表現できないと、エストロゲンの上昇によってテストステロンが抑えられてしまう。

男性が人生の前半でテストステロンレベルを保つ方法を学んでいれば、中年期のエストロゲンレベルの上昇に対応しやすくなる。

社会の圧力と自分らしさの表現

現代の女性は男らしさを自由に表現できるようになったが、逆に女らしい性格の女性はストレスを感じやすくなった。職場で男性のように競争するときは、女性的な側面を抑えなければならず、人の世話をするといった女性らしさを十分に発揮できないからだ。

だが、男性的特性の強い女性がストレスを感じていないわけではない。職場ではストレスに対処しやすいが、恋愛は難しくなる。女らしく相手の愛情や支えを受け入れるのが得意ではないからだ。

同じく、男性は昔に比べて好きなことを追い求められるようになり、女性的な特性も表現しやすくなった。だが男性的な特性である自立や冷静さが抑えられ、不安や怒りを覚えやすく、相手に多くを求めるといった女性的特性が見られるようにもなった。

男性が女らしさに傾きすぎると、情緒的になり、恋愛相手に不満を抱きやすくなる。自分に相応しい女性がいないと感じ、独身でいることが多い。ロマンチックなので女性と知り合ったばかりのときは興奮するが、すぐに関心を失ってしまう。

情熱を維持するには、男も女も、自分の男らしさと女らしさのバランスを自覚することが必要だ。これを理解していないと正常なバランスを保つのが難しくなり、恋愛を通して成長できず、ストレスを感じてしまう。

だが本書が示す新しい知識があれば、パートナーに頼らずにホルモンバランスを保つ行動がとれるようになる。以降の章ではこれに加え、パートナーがホルモンバランスを保つのを助ける方法も見ていく。パートナーのストレスを減らす方法、自分のホルモンバランスを保つためにパートナーからサポートを得る方法についても学んでいこう。

まずは、男女の違いを知ることがなぜ重要なのかを理解するところから始めよう。

まとめ

・男と女は生物学的に大きく異なるため、ストレスを減らし、幸福感と充実感を増やすのに必要なホルモンも違う。この男女のホルモンニーズの違いを理解しておくことがカップルがうまくいくためのカギ。

・男がストレスを減らすには男性的な行動を通じてテストステロンを増やすことが、女がストレスを減らすには女性的な行動を通じてエストロゲンを増やすことが重要になる。

・カップルが情熱を維持するには、それぞれが男らしさと女らしさのバランスを自覚し、ふたりがホルモンバランスを保ちやすくなるよう工夫することが大切。

第4章

男女の違いを知れば、いつまでも色褪せない魅力と情熱を保てる

——女はもっと話をしよう、男はもっと話を聞こう

「情熱」を長続きさせるには

カップルは、〝自分たちには特別な結びつきがある、この情熱は失われない〟という絶対の自信を持って関係を始める。だが、愛情は持続しても、情熱が失われることは多い。今日の複雑な男女関係で何よりも求められているのは、ふたりの情熱をいかに長続きさせるかだ。答えは簡単——〝違いが相手を惹きつける〟。だが、実践は簡単ではない。

恋に落ちるのは、知ったばかりの曲に夢中になることに似ている。初めのうちは、聴く度に全身に鳥肌が立つくらい興奮する。何度聴いても飽きず、魅力はいつまでも色褪せないだろうと思える。だがしばらくすると情熱は失われていく。**生き生きとした感覚を与え**

ていた脳内化学物質やホルモンへの刺激が、慣れるほどに減っていくからだ。

幸い、人は録音された曲とは違い、愛を通して日々変化し、成長していける。そこで生まれる新しさが、魅力と情熱をもたらすのだ。

女性は、自分の女らしさを支える形で男性が男らしさを表現してくれたときに、ロマンチックな気持ちになる。そのため男性は繊細、協力、共生といった女性的特徴を表現しつつ、自立、冷静、自信、有能といった男らしさも表現しなければ、パートナーの女性に男としての魅力を与えにくくなる。男らしさが不足している男性に対して女性が抱く愛情は、プラトニックで母性的なものに変わっていく。

男性は自らの男らしさを引き立てる形で女性が女らしさを表現してくれたときに、ロマンチックな気持ちになる。〝男性が怖じ気づいて近寄ってこない〟と嘆くパワフルな女性がいるが、それは彼女たちが女らしさを抑えているために、男性が魅力を感じにくくなっているからなのだ。

自立、自信、積極性などの男性的特性を仕事で発揮している女性は、家で女らしさのバランスを取り戻すのを男性が助けてくれると、そのことに感謝するようになる。男性もパートナーとの関係がうまくいっているという感覚を持ちやすい。

女性が男らしさだけではなく、愛情や受容、協力、共生といった女らしさを表現していなければ、女としての魅力は与えにくくなる。

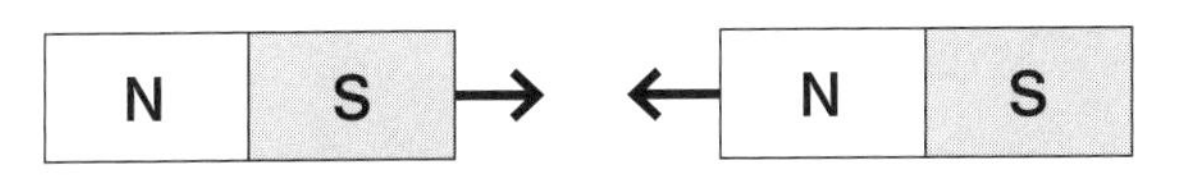

反対の極は引きつけ合う

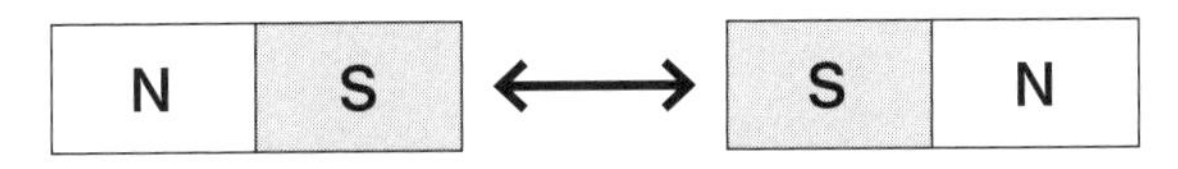

同じ極は反発し合う

男と女は磁石の関係

　恋愛感情が長続きするのは、男と女が違うからだ。この自然な違いは、ロマンチックな化学反応やホルモン分泌の基礎になる。男と女は磁石のようなものだ――磁極が違うと互いに惹きつけられ、同じだと反発する。

　男らしさをN極、女らしさをS極とした場合、男性が男らしさに、女性が女らしさに軸足を置いているとき、互いに惹きつけられる。このように魅力を感じ合っているとき、情熱は維持されやすい。だがふたりが同じ極に軸足を置いていると、反発し合ってしまう。

　男性的な男性と女性的な女性は惹かれ合う。ふたりは対局にある存在だからだ。

　女性的な男性は、女性的な女性にとっては魅力的ではない。ふたりが近づくほど、それぞれの女らしさが反発し合うようになる。良き友人にはなれても、情熱は感じにくい。同じく、男性的な女性は、男性的な男性にとっては魅力的ではない。男性は女性の男性的な有能さを評価し、協力して働くことはできるが、ロマンチックな感情は抱きにくい。

女性的な男性は、男性的な女性にとって魅力的だ。ふたりが近づくほど、その愛によって女性は繊細さや共生、受容といった女性的な側面を取り戻すようになる。だが女性の磁極が変わると彼女は彼への感謝や関心を失い、魅力が薄れて反発し合うようになる。逆も同じだ。

つまり、**男と女がいつまでも惹きつけ合うためには、それぞれが異なる磁極でいなければならないのだ。**

家に帰ったときがホルモンバランス調整のチャンス

仕事を終えて帰宅したとき、男性はテストステロンレベルを、女性はエストロゲンレベルを回復させることが重要になる。

女性が女らしさを抑えていると、男性には女らしさを表現しようという作用が働き、洞窟タイムをとる代わりにパートナーとの会話に時間を費やそうとする。男性が話をしたがっていると、女性はそれに耳を傾けるためにさらに男らしさを強めてしまう。

男性はまず、自分が男らしさを取り戻すべきだ。男らしく彼女の話に耳を傾けることで、女性は女らしさを回復しやすくなる。

女らしさを抑えている女性は会話など不要だと感じていることがあるが、パートナーに気持ちをはき出せば、女らしさを簡単に回復できるようになる。それは、男性が男らしさを回復するのを助けることにもなる。

女性が仕事を終えた後に家で女らしさを回復するのは簡単ではない。だがそのテクニックを学べば、心のバランスをとりやすくなる。職場では抑えていた気持ちをパートナーに話すのは、女らしさを取り戻すための効果的な方法だ。

カップルがいいバランスを保つには

女が男性的すぎると男は女らしさに、男が女性的すぎると女は男らしさに押しやられる。同じ磁極を近づけようとすると、一方が回転して逆を向いてしまうのと同じことだ。

外で忙しく働く女性はあまり話をしたがらず、パートナーの男性の方が話を聞いてもらいたがっていることがある。愚痴を聞いてもらってばかりの男性はさらに女性的になり、ホルモンバランスを崩しがちになる。

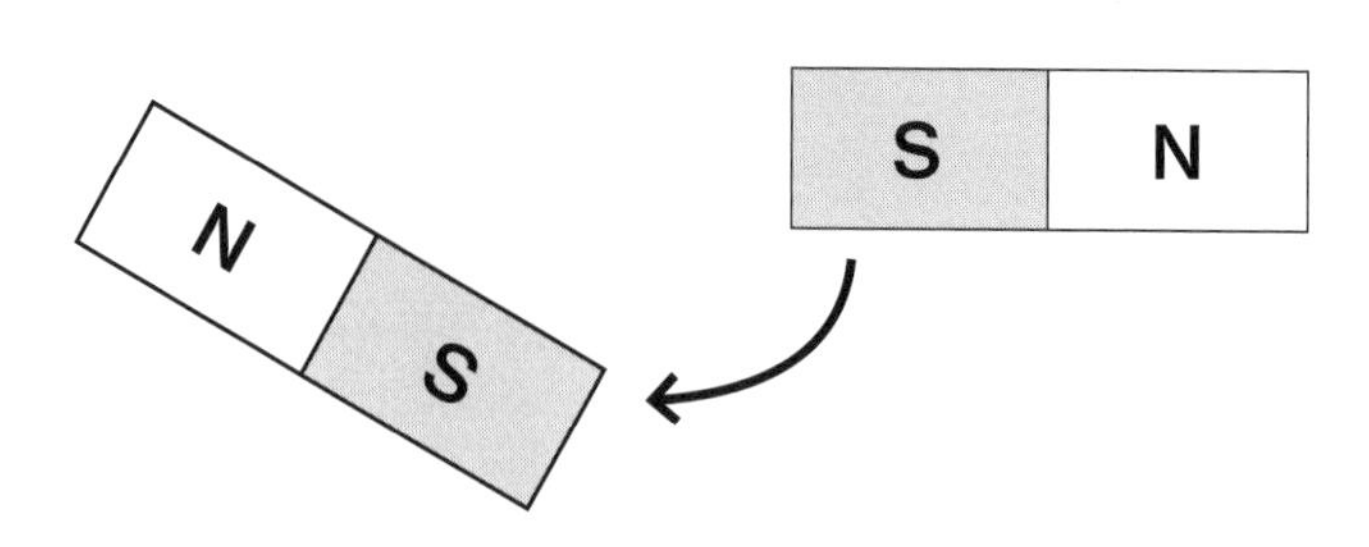

パートナーの磁極が好ましくない方を向いていると、本能的に相手と関わるのを避けようとし、結果としてロマンチックな時間やセックスを楽しむことに興味を失ってしまう。

同じ極同士は向き合えない。たとえば男性が**〝男性的な側面が強い女性〟と向き合おうとすると、自動的に女らしさに傾く**。するとお互いの魅力が減り、ホルモンバランスが失われやすくなってしまう。女らしさに寄りすぎた男性のテストステロンレベルは下がり、男らしさに寄りすぎた女性のエストロゲンレベルも下がる。

女性が日々仕事で〝解決しなければならない問題〟に直面していると、パートナーの男性の話の内容を同じような問題だととらえ、さらに男らしさの傾向を強めてしまう。男性も、解決策を提案して自分を変えようとする彼女の試みに抵抗しようとするようになる。お互いに意地を張り、問題は悪化する。

女性的な傾向が強い男性は、愛情や思いやりを表現するようにもなるが、怒りやすくもなる。自立などの男らしさも表現していなければ、相手にせがんだり、自分ばかり相手に尽くしているように感じたりする。こうしたネガティブな欲求を減らし、パートナーへの理解を深めるには、男らしさのバランスをとらなければならない。

ホルモンニーズを満たそう

私がセミナーで男性の一般的な行動や態度の特徴を説明すると、必ず「〝男は火星人で女は金星人〟だと言うけれど、私は逆よ。私は金星ではなく火星から来たに違いないわ」という反応を示す女性がいる。この男女逆転の傾向は、25年前に『ベスト・パートナーになるために』を出版して以来、ますます強まっている。「うちの場合は、夫が金星人」と言ってはばからない女性も少なくない。

たとえば私が、「恋愛では女の方が、職場では男の方がおしゃべりだ」という一般論を口にしても、現代の聴衆は必ずしも同意しない。同じく、「男はストレスを減らすために洞窟タイム（自分の殻に閉じこもる時間）が必要だ」と言っても、そんな時間はとっていないという男性は少なくない（実際には、無自覚のうちに、趣味を楽しむ、新聞を読む、スポーツ観戦をするなどの方法で洞窟タイムを実践している男性は多い）。

しかし、生物学的なホルモンレベルの観点に立てば、依然として男性は火星から来ているし、女性は金星から来ている。

仕事で男性的に振る舞う女性は家庭では口数が少なくなりがちだが、家で男性に話を聞いてもらえば女性ホルモンが刺激されてストレスを減らしやすくなる。

女性的な傾向の強い男性は職場でも家庭でもおしゃべりになり、問題を解決することよりも自分の気持ちを言葉にする方を重視しがちになる。これは男性にとって効果的なストレス解消法ではなく、同僚や女性パートナーとの関係で疎外感を覚えることもある。男性がストレスを減らすには、自分のことを話す時間を減らし、相手の意見に耳を傾けることが必要なのだ。

男女ともに、会話の目的は職場では問題解決（男らしさ）、家庭ではつながりや親密さ（女らしさ）であることが多い。男性的な女性は家庭では言葉数が少なくなるが、パートナーの話を聞くよりも自分が話すことでホルモンバランスを保ちやすい。同じく、女性的な男性は家庭では口数が多くなるが、パートナーに話すよりも聞くことでホルモンバランスを保てる。

女性が気持ちを言葉にすると、女らしさの回復とストレスの軽減に役立つ女性ホルモンの分泌が促される。男性の洞窟タイムは、男らしさの回復とストレスの軽減に役立つ男性ホルモンの分泌を促す。

だが男女ともにホルモンバランスに悪いことをしているときは、そのまま悪い方に向かってしまいがちだ。

自分自身のバランスを取り戻すテクニックを理解することで、私たちは悪循環を断ち、新しいコミュニケーションスキルを使って良好な関係を築けるようになる。

社会問題のデータからみる男女の違い

現在では、男女は古い役割を超えて自分を表現できるようになった。その結果、ジェンダー間の境界線は曖昧になり、男らしさや女らしさの古いステレオタイプも当てはまりにくくなった。たとえば、数学や狩猟に興味がある女性や、オペラやファッションに興味がある男性がいても、物珍しい目では見られなくなった。

だが、それでも男と女は生物学的に異なっているという事実には変わりはない。それを忘れてしまうと、パートナーが本当に求めていることが見えにくくなってしまう。

これから紹介する社会問題に関するデータは、基本的に男女の生物学的な違いを反映したものだ。これは、男女がうまくホルモンバランスをとる方法や、男性はテストステロン、女性はエストロゲンといった、影響を受けているホルモンの違いから生じるさまざまな問題にどう対処すべきかを考えるためのヒントになる。

1．刑務所にいる男性は女性の約9倍。交通事故の死者数も男性のほうが多い。男性は女性よりもリスクをとり、結果を考える前に行動する傾向がある。

2．女性の4倍の男性が自殺するが、自殺を試みる女性は男性の2倍いる。自殺願望を他人に話すのは女性が、自殺を実行するのは男性のほうが多い。女性はストレスを感じたときに誰かに話をしたくなる。男性は人生が辛いときには誰かに相談する前に何らかの行動をとろうとするため、心理療法ではなく、自ら命を絶つという手段を選んでしまうことが多い。カウンセリングを受ける人の9割が女性だ。

3．離婚の申請をするのは女性のほうが、インターネットのポルノ中毒になるのは男性のほうが多い。女性は人間関係を求めている。パートナーへの期待が大きいだけに、それが満たされないときの失望も大きく、離婚につながってしまう。男性は肉体的な親密さや恋愛感情が満たされないときに、その辛さを紛らわすために性的な誘惑に弱くなる。

4．アルコール依存症や麻薬中毒になる割合は男性のほうが、抗うつ薬や睡眠薬を服用する割合は女性のほうが高い。男性は自立心が強く、悩みを抱えたときに酒や麻薬の力を借りて自力で問題を乗り越えようとし、女性は医師や処方薬の助けを借りようとする。

5．アメリカの大学進学率は女性のほうが男性よりも高いが、女性は高学歴になるほど良い男性パートナーに巡り会えないと不満を抱く、あるいはパートナーそのものを望まないという傾向がある。親が離婚して父親不在で育った女性は男性に頼った経験が少ないため、自立心が強くなる。同じ条件で育った男性は〝母親を幸せにする父親〟というロールモデルがないため、家族のために働こうとする意欲を保ちにくいことがある。

6. 男性の約2倍の女性が会社を病欠する。一方、男性はワーカホリックになる割合が女性よりも高い。家の外で働くことはテストステロンを刺激しやすいため、女性は家にストレスを持ち帰り、病気に罹りやすくなる。男性は、女性に比べて長時間労働に耐えられる。これはプライベートがうまくいっていない場合に特に当てはまる。働く時間が長いほどテストステロンレベルが高まり、少なくとも短期的にはストレスを減らしやすいからだ。

これらの統計データは、男女の違いがもたらすさまざまな問題を示している。これらの問題を解くカギは、私たちが、〝男と女は、それぞれパートナーからどんな支えを必要としているか〟をよく理解することだ。私たちが男女の違いに基づいてお互いに支え合い、情熱を保って良好な関係を続けるのは、大きな視点に立てば、人類が地球規模の社会問題を乗り越えていくことにつながっているとも言えるのだ。

ノルウェーのパラドックス

ノルウェーは、世界でもっとも男女平等が進んだ国だとされている。だがこの国のカップルも、パートナーへの情熱が失われるという問題に悩んでいる。離婚率は高く、独身者も多い。

この国では男女の役割分担は職場でも家庭でも平等であることが望ましいとされ、生物学的な違いを除けば、〝男女は異なる存在だ〟という考えを示すのは社会的に不適切だと考えられている。

〝男は火星人、女は金星人〟という考えをノルウェーで主張するのは簡単ではない。以前、ノルウェーの首相と全国テレビで対談をしたことがある。私が、「男は女とは違い、テストステロンを回復するために一人になる時間が必要です」と言うと、首相は、「私は〝洞窟タイム〟をとったことはないし、男女にはそのような違いはない」と言い張った。そのようなジェンダーについての考えは、時代遅れだというのだ。

私は首相に、「夕食前に毎日30分の犬の散歩をしているそうですが、それがあなたにとっての洞窟タイムに相当するはずです」と言った。それによって無意識のうちにストレスを減らしているので、リラックスして家族と過ごせているのだ、と。だがこの部分はカットされて放映されなかった。

　ノルウェーのように男女平等が進み、選択の幅が広い社会では、あらゆる職業で男女の比率が同じになるはずだと思うかもしれない。だが実際には、男女ともに従来型の男らしさや女らしさが求められる職業を選択する率が高い。

　たとえば、幼稚園や小中学校の教員、清掃や看護などの職業では女性が、建設労働者、運転手、技術者、エンジニアなどの職業では男性の比率が高い。

　これは、「ノルウェー・パラドックス」と呼ばれている現象だ。従来型のロールメイトの関係から解放され、好きな職業を選択できる自由が増す一方で、多くの人々が伝統的な男女の役割に基づいた職業を選択しているのだ。

　その理由はバランスだ。ノルウェーでは、家で女性が女らしく、男性が男らしく振る舞うことが推奨されていないので、男性は外では伝統的な男らしい仕事を、女性は女らしい仕事をしてバランスをとろうとしているのだ。逆にインドのように家で女らしく振る舞うことを求められている国の女性は、家の外では男性的な仕事をすることに意欲的だということがわかっている。

　世界で男女平等がもっとも進んだ国だと言われているノルウェーとスウェーデンでは、男性的、女性的な仕事を自由に選択できる一方で、家庭ではどちらも同じように行動することが求められている。

だが女性と家事を平等に分担し、家庭で女性的な活動をする男性は〝男は一日の仕事を終えた後に一人になって男性ホルモンを回復する時間をとるべき〟であることを理解していない。外で働くことに誇りを持ち、経済的にも家族に貢献している女性も〝女は一日の仕事を終えたら女性ホルモンを回復させるための支えが必要〟であることを理解していない。

男女平等とは、〝男と女は同じ生き物である〟と考えることではない

ノルウェーやスウェーデンで推進されている男女平等には、男女の性差をないものと考える側面がある。だが真の男女平等とは、違いがあることを認め、それを尊重することだ。人にはそれぞれ男らしさと女らしさのバランスがある。全員に同じ基準に従うことを求めるのは違いの尊重にはならない。

〝男女は同じ生き物だ〟と考えていると、それぞれの弱点や欲求に共感する、相手の努力に感謝する、といったことが難しくなる。**相手の違いを理解し、受け入れ、感謝し、尊重してはじめて、真の男女平等は成り立つ。**

男女は同じ生き物、という考えは恋愛にも悪影響を及ぼす。私は過去30年間、ノルウェーとスウェーデンを頻繁に訪れて講演をしてきたが、これらの国では女性と男性には

違いはないという社会通念が恋愛感情を冷え込ませているように思える。男と女がルームメイトのようになってしまうと、恋愛の情熱は維持しにくい。離婚率の高さは、ノルウェーが44パーセント、スウェーデンが47パーセントと、世界でもトップクラスだ。

男女の生物学的な違いを否定すれば、無意識に感じる異性の魅力やそこから生じる化学反応は失われてしまう。この恋愛の化学反応は意図的には起こせない。誰かに魅力を感じるのは、計算してできるものではない。私たちは匂いや触れ合い、キスなどを通じ、フェロモンを介して伝えられる遺伝子レベルの違いを感じ取り、惹かれ合う。その基盤は、異なり、補い合う、男性ホルモンと女性ホルモンの働きだ。

異性に感じる魅力や化学反応を、男らしさと女らしさをバランス良く表現することが許されない社会で保つのは難しい。基本的に、男らしさを抑えすぎている男性や、女らしさを抑えすぎている女性に対しては、異性は魅力や興味を持ちにくくなる。男の男性ホルモンと女の女性ホルモンのレベルが低下しているために相手に情熱や性的魅力を感じにくくなることは、従来のロールメイトの関係にはなかった、現代のカップルに特有の現象だ。

つまり、現代のカップルが情熱や恋愛感情を保つには、男女のステレオタイプな役割から解放されながらも、お互いのジェンダーの違いを理解し、受け入れることが必要なのだ。

以降の章では、ホルモンバランスを保つための効果的な方法を紹介する。心理面だけではなく生理的な反応も引き起こして、心身の健全性を高められる方法だ。これを理解することは、情熱を持続させ、ソウルメイトの関係を築くための土台になる。

まとめ

・男のテストステロンレベルと女のエストロゲンレベルを回復させるには、男が女の話を聞くのが効果的だ。だが実際には男が話をしたがり、女が話をしたがらないケースが多い。

・女性が日々仕事で〝解決しなければならない問題〟に直面していると、パートナーの男性の話の内容を同じような問題だととらえ、男らしさの傾向をさらに強めてしまう。

・真の男女平等とは、違いを認め、尊重すること。〝男と女は同じ生き物だ〟と考えていると、相手への理解や感謝が難しくなる。

第5章 男は女にこうしてほしい

――男のテストステロンを上手にコントロールすれば、恋愛はうまくいく

男性も「女らしく」なる時代

『ベスト・パートナーになるために』を書いた当時、人々が男女関係で抱えていた問題を解決するカギは、〝男女の違いを理解して受け入れることでコミュニケーションを改善し、ロマンスを取り戻すこと〟だった。世界中の読者に絶賛された同書の内容は、今なお古びていない。だが、現代の恋愛は新たな課題に直面している。それは、**男らしさと女らしさのバランスをいかにうまくとり、ストレスを減らすか**だ。

女性は職場で責任ある仕事を任されるようになると、問題解決や冷静、自立といった男性的側面を表現するようになる。それ自体は喜ばしいことだが、女らしさを取り戻してバ

ランスをとらなければストレスが増え、パートナーや人生全般への不満が高まってしまう。

男性も、家庭で世話や共生といった女性的な特性を表現する機会は増えた。職場でも、顧客への繊細な配慮や労働条件の改善といった女性的特性が多く取り入れられるようになった。それ自体は喜ばしいことだが、〝男性には男らしさを取り戻すための時間が必要〟という共通理解や支えがなければ、男性のストレスは増え、家でパートナーに愛情を注ぎにくくなり、人生全般への不満も高まる。

現代の男性は、父親の世代よりパートナーに愛情や支えを与えるようになり、家庭で女性的な行動をとることが多くなった。育児に積極的に関わる父親も増えている。それは、仕事を終えて帰宅した女性のストレスや負担を減らすのに役立つ、家族全員にとって価値ある行為だ。だが問題もある。男性のテストステロンが減りやすくなってしまうのだ。

女らしさを表現した男性は、その分、男らしさとのバランスをとる必要がある。このバランスが保てないと、エネルギーレベルが低下し、不満やストレスが増えてしまう。ロールメイトの関係では、男は職場でのストレスの多い一日を終えた後に、新聞を読んだりテレビを見たりしてテストステロンを回復させていた。くつろいで酒を飲めば、その日の嫌な出来事を忘れられた。だが現代では、こうした方法だけでは十分ではない。男は男らしさを、女は女らしさを回復することが重要だという共通理解のもと、男女双方がパートナーを支えるための新たなコミュニケーションスキルを学ばなければならないのだ。

〝ストレス退治〟のホルモンは男女によってまったく違う

男女の違いを理解し、男らしさと女らしさのバランスをとる方法を学ぶうえで欠かせないのが、男女によって異なる、ストレス反応におけるホルモンの働きを知ることだ。

何年かに一度、男女には大きな違いがないことを示す研究結果が大きなニュースとしてとりあげられることがある。「火星と金星の迷信」や「男は火星から来たのではない」といった見出しがつけられていることも多い。だがこうしたニュースは、男にも女らしさが、女にも男らしさがあることのみに注目したものが多く、誤解を招きやすい。たしかに、〝誰にでも男と女の要素がある〟という真実は伝えているが、男女によってホルモンの働きが大きく異なり、それが気分や行動、健康に大きく影響しているという事実は無視されている。

前述したように、男性のテストステロンレベル、女性のエストロゲンレベルが低くなりすぎると、ストレスが増える。**健康かつ幸福でいるために、男は女性の何倍ものテストステロンが、女は男性の何倍ものエストロゲンが必要だ。**

これから説明する男女のホルモンの違いを理解していると、一見すると同じ言動をとっていても、男女の身体ではまったく異なる生理的な反応が起きていることがわかるようになる。その結果、お互いのホルモンバランスを支えるための意識的な行動や態度がとりやすくなり、ストレスを減らして職場や家庭で充実した時間を過ごせるようになる。

私たちの行動や感情の変化は、常にホルモンの影響を受けている。ストレスを感じると、人間の体内ではコルチゾールと呼ばれるホルモンが分泌される。私たちが危険から身を守ろうとしたり、大切な人に愛されていないと感じたりしたときなどに分泌される、〝戦うか逃げるか〟(闘争か逃走か)といった本能的な反応を刺激するホルモンだ。そのため、男女が知性や思いやりを持って愛情を表現し合うことの妨げになる。コルチゾールを減らすために効果的なのは、男性はテストステロンを増やすこと、女性はエストロゲンやプロゲステロンなどの女性ホルモンを増やすことだ。

テストステロンは男のストレス対処に重要

テストステロンは、男性の若々しさや健康、活力、集中力、記憶力、気分の安定、性欲などに深く結びついている。男性にとって良いものは、すべて健全なテストステロンレベルと関連していると考えてもいいくらいだ。

従来、テストステロンレベルが高すぎると男は攻撃的になったり、怒りっぽくなったりすると考えられてきた。だが過去10年間の研究によって、それは事実とは異なることが明らかになってきた。**男性は、エストロゲンレベルが急上昇したときに攻撃的になる傾向があるのだ。**

男性にとって、テストステロンはストレスに対処するために重要だ。テストステロンには、コルチゾールのレベルを調整する働きがあるからだ。**男性はテストステロンレベルが低すぎるとストレスや疲れ、抑うつなどを、エストロゲンレベルが高すぎると怒りや自己防御、攻撃性などを感じやすくなる。**

テストステロンが低い男性が、男らしさを回復するための時間を十分にとらなければ、女性的側面が不自然な形で過剰に表現され、男らしさも悪影響を受けてしまう。

男性は危険を感じたり、ピンチに追い込まれたりすると、まず自動的にテストステロンを増やすことでこれに反応する。だが、このような危機に対処する能力に自信を失うと、コルチゾール値が上昇し、アロマターゼと呼ばれる酵素が分泌されてテストステロンがエストロゲンに変換される。エストロゲンが増えると怒りや不安といった感情が喚起され、戦うか逃げるか、どちらかの行動をとることが促される。

進化論的に見れば、これは人間が生き残るために必要な反応だといえる。しかし、テストステロンがエストロゲンに変換されると、冷静、自立といった男性的な特性が失われ、相手を支配しようとする、要求が高くなる、感情的・敏感・従順になる、愛情に飢えるといった女性的な性質がネガティブな形で現れるようになる。

男の怒りが恋愛をぶちこわす

現代の恋愛における大きな問題は、男性がパートナーと議論をしていて怒りを顕わにしてしまうことだ。**男性が激怒すると、女性は不安になり、心を閉じてしまう。**その結果、男性への愛情や情熱を感じるために必要な女性ホルモンをつくれなくなる。

男は、自分が怒りを表現することがどれほどの悪影響を生むかを理解していない。男性に怒りをもっと表現するように促す心理学の専門家もいる。だが怒りを忍耐や理解、寛大さ、親切に変える方法はめったに示されない。

怒りを感じ、それを抑えこまないようにするのは良いことだ。だが、パートナーを傷つけるような言葉や行動で怒りを表現するのは最悪だ。**男性は女性が怒っても、せいぜい自分が一人で夜にソファで寝るくらいの結果にしかつながらないことを知っている。だから、自分の怒りが女性にどれほど大きな影響を及ぼすかに自覚的でない**のだ。

古来、女は男の前では相手を怒らせないために本当の気持ちを抑えてきた。常に男の意見に従い、にこやかでいることが求められた。たしかにそれによって男は簡単には怒らなくなったが、女が本当の自分を表現するのは難しかった。

男は、女性と平等な関係を築くために、怒りをコントロールする術を学ばなければならない。女性が恋愛で自分らしく振る舞うには、気持ちを安心して表現できなければならない。男性が怒りではなく、冷静さといった男性的特性を表現すると、女性は自分の言動で相手を怒らせたり傷つけたりしないと安心できる。

古来、男には女を身の危険から守るという役割があった。現代ではそれに加え、物理的な安全だけではなく、女性が本当の自分を安心して表現できるような安全な環境をつくることが求められるようになっている。

〝男は怒りを抑えるべきだ〟というわけではない。怒りを感じるのは人間として当然のことだ。**男女の関係における最大の問題は、男が怒りを感じること自体ではなく、その怒りを原因であるパートナーに直接的にぶつけてしまうことだ。**

男性が怒ると、女性は防御的になってしまう。男性が怒ると、テストステロンはエストロゲンに変換される。つまり、男性ホルモンが女性ホルモンに変わってしまう。激昂せず、心を静かにしてテストステロンの回復に努めれば、冷静さや落ち着きといった男らしさを取り戻し、心を開いてパートナーに愛情を表現できるようになる。

男は、〝自分が怒らずに話に耳を傾ければ、彼女は愛情や感謝といった女らしさを取り戻しやすくなる〟という自信を持てるようになる。テストステロンもエストロゲンに変わらなくなるので、自己防御的にならず、興味と共感を持って相手の話を聞けるようになる。

男が「男らしさ」を抑えると怒りっぽくなる？

男が男らしさを抑え、女らしさを過剰に表現すると、怒りと自己防御が表に出てきやすくなる。怒っている人は強く見えるので、怒りは男性的な特性だと思われていることが多い。だが、相手を怖がらせて自分の意見を通そうとするのは、自信のなさの裏返しでもある。自分の言動を変えて責任や有能さといった男らしさを表現するのではなく、怒りで相手の言動を変えて望むものを得ようとしているのだ。**男性は、怒ることで男らしさを示そうとしているが、実際に増えているのは女性ホルモン（エストロゲン）だ。**

男の男らしさが抑えられすぎて、女らしさが過度に表現されてしまう例

- 冷静さ（男らしさ）を失い、熱く（女らしさ）なる。激怒して顔が真っ赤になる。
- 自立（男らしさ）を失い、依存（女らしさ）しやすくなり、パートナーに過度に愛情を求めたり、高い要求をする。女性が何をしても満足しなくなる。
- 自信（男らしさ）を失い、信頼（女らしさ）が過度に表現されやすくなる。
- 分析的（男らしさ）ではなく、直観的（女らしさ）になる。

・問題に対して責任（男らしさ）をとるより、対応（女らしさ）しようとする。

このように、男性のテストステロンが低いと、男らしさのさまざまな側面が女らしさの特徴によって覆い隠されてしまうのである。

男はストレスを感じたらどうなるか

男性の健康にとって、テストステロンの安定した分泌は重要だ。だがテストステロンは、ストレスにさらされ続けると減っていく。その結果、男らしさが女らしさによって抑えられ、さらにテストステロンが枯渇してしまう。テストステロンが多すぎたり、エストロゲンが少なすぎたりすると、男性はストレス症状に対して脆くなってしまう。

以下に、慢性的なストレスを感じている男性に見られる一般的なストレス症状を挙げる。男らしさを取り戻さない限り、これらの症状はこの順序で顕在化していくことが多い。

1. 意欲の低下
2. 無関心
3. 頑固

4. 不機嫌
5. 怒りと苛立ち
6. 変化への抵抗
7. 妻への性欲の低下（ポルノ中毒になりやすい）
8. 気分の激しい変化
9. 不安
10. 絶望
11. 攻撃性

これらの症状が見られたら、男性は女性的な活動から一時的に離れ、男性ホルモンの分泌を刺激する活動に集中すべきだ。テストステロンを増やすことのできる活動の例を紹介しよう。

「意思決定」「努力とハードワーク」「問題解決」「プロジェクトに取り組む」「効率的な行動」「無私の行為」「得意なことをする」「大義のために自分を犠牲にする」「祈り、瞑想、沈黙」「断食」「学習、能力開発」「金を稼ぐ」「リスクを取る」「自信を持って困難に挑む」「成功」「勝利」「競争」「スポーツ」「性的な行為」「恋愛」「相手の話を聞く」「調べ物をする」「男同士で冗談を言い合う」「車の運転」

男らしさと女らしさの自分らしいバランスを保つことが求められている現代の男性にとって、女らしさを表現しながらどうやって男らしさを維持するかは、大きな問題だ。

男は〝洞窟タイム〟で自分の殻にこもることが必要

男性がテストステロンレベルを回復するには、女性的側面から一時的に離れ、男らしさを回復する時間をつくる必要がある。私はこれを〝洞窟タイム〟と呼んでいる。〝男には自分の殻にこもる時間が必要だ〟という考えは『ベスト・パートナーになるために』で紹介したものであり、大勢の女性読者から、「夫の〝一人にさせてくれ〟という欲求を正しく解釈できるようになった」と好評を得た。殻にこもった男を見て、〝いま、ストレスから回復しようとしているのね〟と理解できるようになれば、それをネガティブなものとして受け止めなくなる。男が洞窟にいるあいだは、無理に引きずり出そうとしなくなる。

この言葉は、アメリカ先住民の伝統から借りたものだ。娘が結婚するとき、母親はこうアドバイスする。「一日が終わると、男は洞窟に引っ込むものよ。そのとき、決して洞窟に入ってはいけないの。もし入れば、ドラゴンの炎で燃やされてしまうから」。ドラゴンは、男の怒りを意味している。

洞窟タイムをとらないと、男性は無意識のうちに、無私や寛大さ、忍耐を感じられなくなっていく。テストステロンが回復できないと、苛立ちやすく、自己中心的になり、家族やパートナーに気を配れなくなる。

洞窟タイムとは、男がエストロゲンが分泌されやすい女性的な活動から離れ、テストステロンが分泌されやすい男性的な活動に集中することだ。それによってテストステロンを回復し、恋愛や家族、翌日の仕事に使うためのエネルギーを得る。

洞窟タイムの活動は、ストレスがない状況で行う必要がある。

たとえば、運転はテストステロンを刺激する。遅れそうなときに渋滞しているとストレスでテストステロンを使い果たしてしまうが、運転が好きで、急いだり欲求不満を感じたりしていないときは、テストステロンを増やせる。ストレスのない状況での、お気に入りの音楽を聴きながらのドライブは、〝洞窟タイム〟になる。

重要なのは、自信を持って能力を発揮できることだ。**ある程度難しく、やりがいを感じるものであればテストステロンの分泌が促される。だが、ストレスを感じるようになると、テストステロンを使い果たしてしまう。**

男がフットボールのテレビ中継を観ると、〝有能〟や〝問題解決〟といった男らしさが活性化され、テストステロンを回復できる。だが、試合結果に大金を賭けていたら、ハラハラしてストレスが増し、むしろテストステロンをすり減らしてしまう。妻からフットボールの試合を観ていることを非難されたときも、ネガティブな感情が湧き上がり、テストステロンを回復しにくくなる。

男性はリラックスしたストレスのない状況で、20~30分テストステロンを刺激する活動をすれば、十分にテストステロンを回復できる。しかし、毎日強いストレスを感じていたり、もともとエストロゲンレベルが高い場合は、長めの洞窟タイムが必要になる。また、もともと男性的な男性も、そうでない男性に比べて洞窟タイムが多く必要になる。

テストステロンは使わなければ衰える

男性がテストステロンを回復するためには、まず普段の仕事や活動を通じてテストステロンを使い果たしておかなければならない。日常的にテストステロンを使っていなければ、分泌能力も落ちてしまうからだ。テストステロンを使い切るような状況に身を置いた後で、ストレスのないリラックスした環境のなかで男らしさを取り戻すような活動をすることで、はじめてテストステロンを回復できる。

筋力トレーニングをしたとき、1回練習をしたら、1~2日は休んで筋肉に十分な休息を与え、疲労を回復させるのが必要なのと同じことだ。

男性は一日の仕事を終えた後にリラックスした時間を持たないと、テストステロンをうまく回復できない。だが、テストステロンを使わずにリラックスしても、十分なテストステロンはつくられない。行動と休息の両方が必要なのだ。

テストステロンを使わない期間が続くと、身体は分泌を止めようとする。現役を引退した男性のテストステロンが激減することが多いのもそのためだ。50歳のアメリカ人男性のテストステロンの平均値は、若者の半分しかない。対照的に、先住民族では90歳の健康な老人が若者と同じテストステロンレベルを保っているようなケースもある。私はいま65歳だが、若い頃よりもテストステロンレベルは高くなっている。

男性のテストステロン回復のために、女性にできること

愛するパートナーからのサポートは、男性がテストステロンを高めるのに絶大な効果がある。逆に、サポートがなければ、男性が活力を取り戻すことは困難になる。

12の基本的な男性的特性のそれぞれについて、女性の愛情と支えがどのようにしてテストステロンレベルの上昇に役立つかを見てみよう。

ホルモンバランスがとれていると男は幸せになり、良いパートナーになるための意欲とエネルギーが高まる。女性にも同じことが当てはまる。次章では、女性が幸福で愛情に満ちた毎日を過ごすために健全なエストロゲンレベルを保つことの重要性について詳しく見

男がテストステロンを増やすために必要なもの

男性的特性	女性ができること	男性が得るメリット
1. 自立	おせっかいなアドバイスをしない	“信頼されている”“誰かに助けてもらわずに自力で目的を果たした”と実感できる。このように自分の行動を評価されることで、パートナーの女性と多くの時間を過ごしたいと思うようになる
2. 冷静	洞窟タイムをネガティブにとらえない	リラックスできる空間と時間が手に入るので、問題を熟考でき、感情や考えを誰かに話さなくてもすむ。一人になって気持ちを整理できたら、パートナーの話に共感しながら耳を傾けられるようになる
3. 問題解決	“女性がストレスを感じているとき、必要なのは解決策ではなく、話を聞いてもらうこと”を男性に理解してもらう	自分に求められている役割を理解することで、もっと女性の役に立ちたいと思うようになる。“解決策を示してあげなければ”というプレッシャーを感じることなく女性の話を聞けるので、感謝されるようになる

4. 強さ	自分を犠牲にして懸命に働いていることを評価する	自信と勇気が湧く。女性に、男性である自分を怒らせたり気持ちを傷つけたりする恐れを感じることなく、自由に自分を表現できるようにしてあげられる
5. 有能	最善を尽くしていることを褒める（失敗したときであっても）。成功を喜んで祝福する	自分が認められることで、相手の長所も認められるようになる。困ったときには相手の助けを求めるようになる
6. 分析	物事を分析的に考えているとき、「なるほど、その通りね」といった肯定的な言葉をかける	自分の考え方が肯定的に受け止められたことで、女性の話に興味を持つようになる。自分の間違いに気づいたらそれを認めるようになる
7. 自己主張	〝助けを求められたい〟という男性の期待に応える。助けてもらったときに感謝をする	女性にとってのヒーローになったように感じる。男性は女性に必要とされたとき、人生の大きな意味を感じ、〝守ってあげたい〟という力が湧いてくる

8. 積極性	誰かに正されたりすることなく、自分の夢や誇りに思っていることを話させてあげる（茶々を入れられると、せっかくのいい気分が台無しになる）	女性からの支えや信頼、評価を感じ、自分も同じように女性を支え、気を配り、相手を尊重しようとするようになる
9. 有能	女性のためにした小さなことを褒める	パートナーとの関係がうまくいっていると感じ、相手に愛情や尊敬、忍耐、感謝を覚えるようになる
10. 自信	不満や批判ではなく、男性を受け入れることを大切にする	女性を幸せにできるという自信が生まれ、相手の話にじっくりと耳を傾けられるようになる
11. 責任	間違いを指摘せず、謝ったことを受け入れ、評価する	間違ったときに謝るようになる、良いパートナーになろうとする
12. 目標指向	男性に計画を立てさせる。選択肢をいくつか伝え、あとは男性に決めさせる	自分が物事を決めたという満足感が得られ、女性は気を配ってもらえたという感覚が得られる。自分で立てた計画だと感じると、男性はそれを達成するための意欲を高め、パートナーを喜ばせようとする

ていこう。

まとめ

・男は、テストステロンではなく、エストロゲンレベルが急上昇したときに攻撃的になる傾向がある。つまり、男は「男らしさ」を抑えると怒りっぽくなる。

・男は女性と平等な関係を築くために、怒りをコントロールする術を学ばなければならない。女性が安心して自分らしく振る舞えるようにするのが男の責任だ。

・男性はリラックスしたストレスのない状況で、20〜30分テストステロンを刺激する活動（洞窟タイム）をすれば、十分にテストステロンを回復できる。

第6章 女は男にこうしてほしい

——女のエストロゲンが幸せを呼ぶ

現代の女性はエストロゲンが減少している

近年、更年期症状を和らげるためにエストロゲンホルモンの補充療法を受ける女性が増えた。エストロゲン補充は更年期のホットフラッシュを抑えるだけでなく、気分を上向かせ、活力を高め、不安を和らげるという研究結果がある。女性向けのホルモン補充療法が一般的になったのは、女性のエストロゲンの減少が骨粗鬆症や低エネルギー、集中力や記憶力の低下、気分変動、抑うつ、不妊症、性欲減退、不安などの悪影響をもたらすことが知られるようになったからだ。テストステロンレベルが上がり、エストロゲンレベルが下がると、認知症リスクは男性より女性のほうが高くなる。アメリカでは、アルツハイマー病患者の3分の2以上が女性だ。65歳以上のアルツハイマー病患者の割合は、男性が11人に1人なのに対し、女性は6人に1人。また、**女性のエストロゲンレベルが低すぎると、心臓病や糖尿病、がんなどの発症率も高くなる。**

しかし、ホルモン補充が必ずしも良いものだとは限らない。そのメリットと有害な副作用について、現在も世界中で議論が交わされている。ホルモン補充によって女性の乳がんリスクが増えることを示唆する研究も、リスクが減ることを示唆する研究もある。植物性化学物質からつくられた生物学的ホルモンは安全だが、合成または動物由来のホルモンはそうではないと主張する専門家もいる。

いずれにしても、こうした議論で見落とされているのは、女性にはホルモン補充をしなくても適切なホルモンバランスを保てる可能性が大いにあるということだ。良質の食事や適度な運動、なにより行動を変え、パートナーと愛情豊かな関係を築くための新たなスキルを身につけることで、年齢に応じた健全なエストロゲンレベルを回復できる。

ホルモンレベルは閉経後に低下する

今日の女性は日常生活で男性的な活動をする機会が増えたことで女性ホルモンのバランスを保つのが難しくなり、慢性的なストレスにさらされている。その結果、女性ホルモンの供給源である副腎を疲弊させている。副腎が疲れていると、十分なエストロゲンをつくれなくなり、ホットフラッシュや怒り、不眠症、膣の乾燥、性欲減退、活力低下といった更年期症状や、前述した疾患を発症しやすくなる。

若い女性は男性的な行動をとるにつれてホルモンバランスを保ちにくくなり、ストレス症状が現れやすくなる。気分変動、ＰＭＳ、生理痛、抑うつ、パートナーへの情熱の低下、孤独感、焦燥感（もっとも多く見られる症状）、などだ。

ホルモン補充は、更年期だけではなく若い女性の症状を和らげる効果も期待できる。だが、副腎疲労やホルモン不足といった原因そのものは治療できない。適切に投与量を調整しなければ、副作用も起こりやすい。さらに、男性のテストステロン補充の場合と同じく、女性ホルモンを補充し続けると、身体でこれらのホルモンがつくられにくくなる。

テストステロンが男性にとって重要であるように、エストロゲンは女性にとって重要だ。エストロゲンが少なすぎると女らしさが抑えられ、男らしさが過度に表れやすくなる。

女性の体内でエストロゲンのバランスを最適に保つための重要な働きをするオキシトシンと呼ばれるホルモンも、女性のストレスレベルを和らげるのに不可欠だ。思考や行動を変えてこのホルモンを増やすことが、エストロゲンレベルを自然な方法で高めるためのカギになる。

愛のホルモン「オキシトシン」

過去15年間の研究で、オキシトシンの分泌を促す行動が女性のストレス低減に役立つことがわかった。この研究は男女が感情的に求めることが違う理由を生物学的に明らかにしたという意味でも画期的だった。

男女ともに、オキシトシンは愛情や信頼、安全と関わりがある。だが、このホルモンが増えることによる影響は男女によって違う。オキシトシンは男女のテストステロンを低下させる。もともとテストステロンが非常に高い男性の場合は特に問題ないが、低い男性の場合は眠気が強まったり、ストレスが増えたりする。男が女とは違い、オキシトシンの分泌を促す活動に特に積極的でないのはこのためだ。

女はオーガズムを得るためにオキシトシンが必要だが、男はオキシトシンレベルが高いと性欲が低下することがある。結婚したり子供を持ったりした男性のオキシトシンレベルは妻や子供への愛情を感じるにつれて上昇するが、テストステロンレベルと性欲は低下する。結婚生活が長くなるとセックスレスが増えるのはこのためだ（ただし、本書が紹介する新しいパートナーシップのスキルを活用すれば、男性はテストステロンを増やし、オキシトシンレベルも高く保ちながら、性欲も維持できるようになる）。

オキシトシンは女性のストレスホルモンを低下させるが、単体ではストレスを十分に軽減できない。エストロゲンの助けが必要なのだ。オキシトシンは、エストロゲンと特別な関係にある。**オキシトシンのストレス軽減効果は、女性のエストロゲンレベルが低いと弱まり、高いと強まる。**だからこそ、女性が家庭での女らしさと仕事中の男らしさのバランスをとることが重要になる。プライベートで女らしさを表現してエストロゲンを増やすことで、オキシトシンによって効果的にストレスを下げられるようになる。

女に〝肌の触れ合い〟が大切な理由

オキシトシンの分泌を促す代表的な行動は、肌の触れ合いだ。触れ合いは女性にとって特に重要だ。オキシトシンはエストロゲンと共に、女性のストレス軽減に大きな役割を果たしているからだ。オキシトシンは、愛情や思いやりを伴う行動でも増やせる。

カウンセリングで、〝夫が愛情や思いやりを示してくれなくなった〟と不満を口にする女性は多い。その理由は、女性がストレスに対処するために有効な、オキシトシンを求めているだからだ。

私がこの男女の違いに気づいたのは30年以上前のことだ。カウンセリングをしていた女性が、「夫が私に触れようとするのは、セックスをしたいときだけなのです」と言った。

まだ女性というものをよく理解していなかった私は、なぜそれが問題なのかと思った。

次第に、私は女性にとっての非性的な触れ合いの重要性を理解するようになった。その気分ではないとき、女性は性的な触れ合いを嫌がる。非性的な触れ合いや愛情表現は、性的な触れ合いよりもはるかに多くのオキシトシンを分泌する。オキシトシンレベルが上昇すると、女性は女らしさを取り戻し、エストロゲンが増える。エストロゲンとオキシトシンの両方が増えて、女性ははじめて性的な触れ合いを楽しめるようになる。

しかし、現代の女性は男らしさに傾いているためにエストロゲンレベルが低く、オキシトシンが分泌されてもなかなかストレスが減らない。そのため、男性に触れられないことを不満に思わなくなる。この状態になると、男性のほうが、〝パートナーが愛情や思いやりを示してくれない〟と不満を持つようになる。

なぜ男は女が感情的だと思うのか

〝美しい夕日を見る〟〝仕事で取引を成功させる〟など、あらゆる体験は私たちの身体に生理的な反応を引き起こす。ストレスにさらされた女性の体内では、エストロゲンを増やす作用が働き、その結果として感情を司る脳の辺縁系が活性化する。

男は、〝女は感情的だ〟と考えることが多い。それは、ストレスに対処するための無意識の反応に男女の違いがあるからだ。男性の脳は、ストレスを感じると感情を切り離すようにできている。テストステロンレベルが上がり、脳内の血流は感情を司る部位とは別の場所に向かう。つまり、男性はストレスに対処するために、まず冷静になろうとするのだ。

対照的に**女性はストレスを感じると、感情的に反応しようとする。これは過剰反応ではない。問題の重要度を確かめ、解決のために誰かの手助けを得られないかを探るための適切な反応だ。**一方、男性が冷静な反応をするのも心が冷たいからではない。問題を客観的に分析し、重要性を確かめ、解決手段を探ろうとする適切な反応なのだ。

この反応は私たちの脳に組み込まれていて、自動的に起こる。そのため女性がこの自動的な反応に抗い、ストレスを感じたときにパートナーに感情を伝えないと、女らしさが抑えられてストレスが増える。逆に男性がストレスを感じたときに冷静な反応をせずにパートナーに即座に感情を話すと、男らしさが抑えられてストレスが増えてしまう。

この違いは、男が女の話を遮って解決策を示そうとする理由も説明している。女は問題を解決したいのではなく、話すことで気持ちをすっきりとさせ、パートナーとの結びつきを感じたいと思っている。

問題に出くわすと、男は解決したがり、女は話をしたがる。女は誰かに話を聞いてもらい、理解してもらえたという感覚がオキシトシンを刺激するので、エストロゲンが増え、ストレスも減る。気持ちを表現することでホルモンのバランスをとり、ストレスを下げられるのだ。これが女性にとっての、日々のストレスへの対処策だ。

男は、解決策を考えることでテストステロンが増え、ストレスが減る。すぐに実行できる解決策がなければ、それが見つかるまで問題を忘れようとする。この違いがあるために、女の話を聞くのが難しくなる。女が感情的になって話していると、男はその問題が重大で緊急なものだと感じ、話の途中で解決策を示そうとするのだ。

男は〝戦うか逃げるか〟、女は〝思いやりと絆〟でストレスに対処する

男性がストレスに「闘争か逃走か」で反応するのに対し、女性が共生、信頼、感情、養育的などの女性的特性で反応することを、心理学では、「思いやりと絆」と呼んでいる。

女性がオキシトシンを増やすのに効果的なのは気持ちを分かち合うことだ。そのとき解決策を求めなければエストロゲンが増え、ストレスが軽減される。だが、解決策を求めたりパートナーの行動を変えようとしたりするとテストステロンが増え、エストロゲンは減ってしまう。結果としてさらにストレスが増え、男性の気分も害してしまう。

女性は、仕事中に抑えている女らしさを家庭で表現することが、どれほどストレスを減らし、気分を良くしてくれるかを自覚していない。職場で素早い決断といった男性的な行動が求められていても、プライベートでは解決策を求めずにその日の出来事を話すだけで

女性らしさを取り戻しやすくなる。これは男性にとっての洞窟タイムと同じ効果がある。
だがテストステロンが増えて女らしさが抑圧されると、自立、冷静、目標指向といった男性的な特性が表に出るようになり、繊細さや受容といった女らしさと結びつく、〝誰かに助けを求める〟という行為がしにくくなる。男性は女らしさを抑えているとき、助けを求めようとしない。たとえば車の運転中は、人の指図を嫌う傾向がある。同じように、女らしさを抑えている女性も、人の助けを求めることに抵抗するのだ。

女らしさを抑えている女性は、男性に直接的な支えを求めず、相手が自分の心を読んで、自主的に助けてくれることを期待する。だが〝男は誰かに助けを求められるまでは手を差し伸べようとしない生き物〟であることを理解していない。その結果、イライラを募らせてしまう。

女性が女らしさを抑えて男らしさを過剰に表現すると、追い込まれた状態に陥りやすい。そして、次のような「時間欠乏症」の状態に追い込まれる。

・女性的な〝温かさ〟が抑えられて男性的な〝冷たさ〟が前面に出てしまい、愛情や受容性、繊細さを育みながらゆったりと生活を楽しむことができなくなる。すべきことで頭がいっぱいになり、問題を解決しようとして追い込まれてしまう。
・女性的な〝共生〟や〝信頼〟の感覚を失い、男性的な〝自立〟や〝自信〟に意識をとられ、自力ですべてをしなければ気がすまず、追い込まれてしまう。

・女性的な〝繊細さ〟から離れ、男性的な〝強さ〟に傾くと、心の声を無視するようになる。人の話には耳を傾けても自分のことは後回しにし、追い込まれてしまう。

同じような例はいくらでも挙げられる。重要なのは、パターンを知ることだ。女性のテストステロンがエストロゲンよりも高くなると、女らしさが男らしさによって覆い隠される。その結果、状況にそぐわない行動をとってしまいがちになるのだ。

女性はストレスを感じたらどうなるか

女性の健康は、月経周期を通して変わる女性ホルモンのバランスと深く結びついている。女性の慢性的なストレスの一般的な症状を10個挙げる。女性が女らしさを回復し、ホルモンのバランスをとらないと、これらの症状はこの順序で顕在化していくことが多い。

1. 時間に追われる感覚
2. ネガティブ思考の悪循環
3. 疲労
4. 不眠

5. 怒り
6. 不満
7. 性欲減退
8. 心の硬直化
9. 変化への抵抗
10. 抑うつ

オキシトシンで女性のストレスが激減する理由

女性が女らしさを抑えてストレスが増えると、愛情表現を妨げるストレスホルモン、コルチゾールが分泌される。オキシトシンには、このコルチゾールを下げる作用がある。**テストステロンが男性のストレスを下げるのと同じように、オキシトシンは女性のストレスを下げる。**

前述したように、カウンセリングで〝男性が愛情を示してくれなくなった〟と嘆く女性は多い。触れる、抱きしめるなどの行為は、オキシトシンの分泌を促す。

仕事でテストステロンを使い果たした男性は、帰宅後はまず洞窟タイムをとるとよい。

テストステロンが回復され、愛情を示すことがパートナーにとっていかに重要かを理解できるようになる。

寝る前にベッドで抱擁することは、男女両方にとってさまざまなメリットがある。女性はオキシトシンが分泌されるので、ストレスを減らし、心配事を忘れて眠りにつける。男性にとっても、オキシトシンは眠りやすくなるという効果がある（ただし男性の場合、抱擁が長すぎるとストレスを感じ、眠りにくくなることもある）。

女性は、男性が愛情や思いやり、理解、尊重を示すとオキシトシンが増え、ストレスが減る。それによって女性も、バランスのとれた方法で愛情を示せるようになる。

女性を支えるためには

女性が、女らしさを表現できるという支えをパートナーから受けていると感じるとき、オキシトシンは増える。オキシトシンが分泌されると、女性はパートナーをもっと支えようとする。必要な支えを得ていると実感し、支えを得られると期待すると、オキシトシンはさらに分泌される。

ロマンチックなデートを楽しみにしている女性は、女らしさや愛情を感じる。パートナーの注目を得ることを期待し、相手のためになることをしようとする。そして、受けとった愛情や共感を、相手にも返してあげようと思うようになる。

男性の支えが、女性が女らしさを表現できるようになるのにどれくらい役立つか、12の基本的な女性的特性のそれぞれについて見てみよう。

女性がオキシトシンとエストロゲンを増やすために必要なもの

女性的特性	男性ができること	女性が得るメリット
1. 共生	抱擁と愛情	一人ではなく、誰かに支えられていると感じる。安心して愛情を表現でき、男性の支えに感謝したくなる
2. 情緒	批判せずに話を聞く	認められていると感じる
3. 世話	〝女性が人を世話するには、自分の時間と誰かの支えが必要〟であることを理解する	パートナーや周りの人の世話をしようという意欲が湧く

4. 繊細	気持ちを伝えることを尊重し、否定しない。怒りや対立を招いたりしないと安心させる	自分の気持ちに正直になり、喜びや感謝を味わいやすくなる
5. 協力	希望や欲求を理解し、尊重する	自分も男性に何かをしてあげたくなる。お互いのためになることを大切にし、無理に自分の意見を通そうとしなくなる
6. 直感	女性の直感を認める	直感を活かすことで、ふたりに良い影響がもたらされる
7. 包容力	女性の求めていることを理解し、尊重する	自由に愛情を示せるようになり、幸福感や充実感が高まる
8. 受容性	女性を気遣う	男性が自分のために最善を尽くしてくれていることを実感し、自分も相手にもっと愛情を与えられると信じられるようになる

9. 誠実	不満や批判をいわず、女性がパートナーである自分のために最善を尽くしていることを認める	愛情が湧く（男性も彼女と自分の欠点に対して寛容になる）
10. 信頼	思いやりを持つ。怒りを感じたり言い訳がましくなったときは、いったん冷却期間をつくる	パートナーが側にいても安心でき、“傷つけられたりしない”という確信のもとで愛を育めるようになる。愛情深くなり、パートナーのありのままを受け入れられるようになる
11. 対応	女性を責めない、謝ることを要求しない	否定されたり非難されたりしないと感じると、その感情にとらわれなくなる。自己弁護をする必要がなくなるので、男性の欲求に柔軟に対応できるようになる
12. 関係指向	女性の欲求を無視したり軽く扱ったりしない	求めていることをためらわずに伝え、自由に愛情を示せるようになる。男性も成功のために抑圧しがちな自らの女らしさを表現できるようになる。ふたりは、愛情のなかで共に成長できる

以降の章では、オキシトシンの分泌を促す効果的な方法を紹介していく。女性のオキシトシン分泌を促し、テストステロンを減らし、エストロゲンを増やすために男性ができる最大のことは、良いコミュニケーションをとることだ。

男が女の話を聞くことは、それ自体に意味がある

私はカウンセリングで、女性からパートナーの不満についての話を聞く。これはその女性にとって、ストレスを和らげる効果がある。なぜなら、私は女性の話を聞くだけだし、女性も私を責めたりしないからだ。彼女は私を変えようとしないし、私が変わることを期待してもいない。ただ自分の気持ちを人にわかってもらいたい、そのことによって自分の気持ちを整理したいと思っているだけなのだ。

だが一般的に女性がパートナーに感情や不満を伝えるときは、ただ話を聞いてもらえればいいとは思っていない。相手に対し、〝あなたの行動を変えてほしい〟と思っている。これが、問題なのだ。男性は自分が非難されていると感じ、防御的になったり、問題を解決しようとしたりする。女性もカウンセリングのときとは違い、話を聞いてもらえたという実感を得られない。

だがその実感があってはじめて、女性はストレスを減らせる。問題解決のために男性の

助けが必要なら、別の機会にはっきりとそれを伝えればいい。

男は、〝女性の話を聞くのは問題解決の第一歩ではない〟ことを覚えておこう。ストレスを感じている女性にとって、それは解決策そのものなのだ。**何もしなくても、ただ話を聞くだけで、男はヒーローになれる。**

女は、〝パートナーに不満をぶつけても決してうまくいかない〟ことを覚えておこう。男性を責めるのではなく、問題そのものを分かち合うことで、話を聞いてもらいたいという欲求を満たせるようになる。男性は防御的にならなくなるので、自然と話に共感し、女性を助けてあげようという気持ちになる。この訓練を重ねていくと、男性は自分が何も言わなくても、女性が話をするだけで機嫌を直していくのがわかるようになる。女性のさまざまな感情や欲求も聞き分けられるようにもなる。

とはいえ、初めのうちは、〝女性が相手への不満を口にせずに自分の気持ちを言葉にすること〟は難しい。私はこのプロセスを〝ビーナス・トーク〟と呼んでいる。以前、ある女性にこれを説明すると、「相手への不満を言えないのなら、何を話せばいいの?」と言われたこともある。

訓練すれば、話すことはいくらでも見つかるようになる。女性は一日を過ごすなかで、見ないふりをしたり、抑え込んだりしている気分や感情がいくつもある。繊細で感情豊かな女性的な側面を取り戻すためには、心の内側に目を向け、そこにあるものを表現する必要がある。時間をつくって覗き込まない限り、こうした感情が自分の心に存在しているのに気づかないことさえある。自分の気持ちに目を向けなければ、ストレスは高まり、片付けなければならない問題の山も増えていく。

「ビーナス・トーク」を練習しよう

ビーナス・トークは、その名の通り金星(ビーナス)である女性が男性への不満を口にせずに、感情を伝えるための方法だ。目的は問題解決ではなく、女性が女らしさを、男性が男らしさを取り戻すこと。

もちろん、女性がストレスを感じていない別の機会に、パートナーと一緒に問題について話し合い、解決策を探るのはまったく問題ない。男性が自分の感情を相手に伝え、女性からアドバイスを求められたときに問題の解決策を提示するのもまったく問題ない。

だがビーナス・トークでは、もっと大きく、一般的な問題の解決を目指す。すなわち、女性が女らしさを回復し、男性が女性の話に共感することで、ふたりのストレスを減らすことだ。

ビーナス・トークはシンプルで、誰でも実践できる。以下に手順を示す。

1．女性が話し、男性がそれを聞く。

2．女性は男性への不満は言わない（仕事でのストレスや、男性とは関係のない出来事について話す）。

3．男性は、話の流れを遮ることなく、女性がストレスの原因となっている気分や思考、感情についてありのままを話すのに耳を傾ける。

4．女性は最大で8分間、ネガティブな感情を話したら、それ以上言いたいことがあってもそこでストップし、次は2分間ポジティブな感情を話し、男性に感謝をして、3〜6秒間のハグをする（初めのうち、女性が普段は女性らしさを抑えていると、全体で2、3分間程度しか話が続かないこともあるが、問題ない。10分間、話を続けられるようになることを目標にしながら徐々に慣れていこう）。

5．ハグをした後、別々の場所に移動して、しばらく時間を過ごす。男性は解決策を提案したいという気持ちから解放される。女性も、中断されたり意見されたりすることなく話を聞いてもらえることが、どれほど素晴らしいかを実感できる。

女性は、職場では誤解されたり否定されたりすることを恐れて言葉にできない考えや気持ちを心を裸にしてパートナーに吐露することで、女らしさを取り戻しやすくなる。

ありのままの気持ちを伝える秘訣は、パートナーとは無関係の問題について話すことだ。

そうすれば、女性が男性に対して変わることや問題の解決を求めていないことが明確になる。

1、2秒程度のごく短い時間しかハグをしないカップルは多い。だから、ステップ4では3〜6秒の長めのハグを提案している。秒数を数えることで、男性はハグをしながらリラックスできるようになる。女性が涙を流していたら、そのままハグを続けよう。

女性が不満を持っているときの見分け方

以下は、女性が感情を伝えるときと不満を言うときの比較だ。男が、自分のことを話題にされていないときに話に共感しやすくなり、怒りではなく気持ちを伝えてくれたときに結びつきを感じやすくなることがわかるだろう。

良い例――パートナーに問題のみを話す。感情（太字の部分）を加えるとさらに良い。

1. 今日、会社に遅刻しちゃった。最近は渋滞がひどいの。**イライラしちゃうわ。**
2. また会社のコンピューターが故障して仕事を終わらせられなかった。**がっかりよ。**
3. 息子の担任の先生と話をしたわ。宿題をきちんと提出してないらしいのよ。**心配だわ。**

4．今日は、会社で給与の振込み手続きを全部やり直ししたの。**恥ずかしかったわ。**システムが変更されたのを完全に忘れていたから。

5．やることが多すぎて、公共料金の支払いをする暇がないわ。**ああ、もっと身軽になりたい。**

6．売上報告書をつくるのが忙しくて、新製品の開発に費やす時間が足りないの。**もっと時間がほしいわ。**

良くない例――パートナーへの不満を口にする

1．今日、なんで電話に出てくれなかったの？　電話に出てもらえないと、イライラするの。大事なときにつかまらないのは本当に困るわ。

2．パソコンの修理の件、依頼してくれた？　もう3回もお願いしているのよ。いつも用事を忘れてばかりで、うんざりするわ。

3．今日、息子の担任の先生と話をしたの。テレビばかり見て宿題をしないのに、あなたが注意しないから心配だわ。

4．家じゅう散らかってるわね。今夜、友人一家が夕食に来るから片付けなきゃいけないのよ。このままじゃ恥ずかしいわ。

5．部屋を出るときは必ず照明を消してね。私は他にすることがあるの。公共料金の支払いもしなくちゃいけないのよ。

6．ジャケットを脱ぎ散らかさないでクローゼットに入れて。私にはそれを拾ってる暇なんてないの。

ストレスを感じている女性は、一日中抑えてきた繊細な感情をパートナーに話すことで、女らしさを取り戻しやすくなる。だがパートナーに不満をぶつけると、男性は防御的になり、女性は女らしさを回復しにくくなる。

感情を分かち合うことは、不満を口にするのとは違う

ビーナス・トークは、方法自体は簡単だ。だが日常生活で男性的な行動が求められている女性にとって、繊細な気持ちをパートナーと分かち合うのは簡単ではない。男性にとっても、途中で解決策を提案せずに女性に共感しながら話を聞き続けるのは難しい。

だが、**女が心を開いて感情を吐露し、男が静かに耳を傾けることに徹していれば、それぞれが女らしさと男らしさを取り戻せる。**

研究もそれを裏付けている。**男は成功を感じるとテストステロンが増える。**たとえばスポーツ観戦をしているときは、応援しているチームが勝てばテストステロン値が上がり、

負ければ下がる。女性から感謝されても、テストステロンは増える。

女性も、〝女らしさを取り戻すためには男性の支えが役立つ〟と理解すれば、そのことに感謝できるようになる。強いストレスを感じていると、愚痴をこぼしても無駄、と考えがちになるが、パートナーと気持ちを分かち合うことでエストロゲンを増やし、ストレスを減らせるようになる。だが不満を言うとテストステロンが増えるのでストレスは減らない。

ビーナス・トークでは、男は女の話を遮らないようにしよう。解決策を提案せずに黙って話を聞くことが、女性にとっての一番の問題解決になるからだ。静かに耳を澄ますことが、女性にとってもっとも必要な解決策だ。男性も、パートナーを幸せにしているという成功の感覚によってテストステロンが増えるので、洞窟タイムを減らせる。

セミナーの後、エネルギッシュな女性からこう言われたことがある。

「最初は、ジム通いと同じように意志の力が必要でした。でも、夫に〝問題を解決しようとせずに、ただ話を聞いて〟とお願いするだけで気分が良くなったのには驚きました。それまで、夫に中断されずに10分間も続けて話したことはなかったと思います。話し終えると、気持ちが柔らかくなっているのに気づきました。最近は、帰宅後に以前よりもくつろげるようになりました。あれもしなければ、これもしなければ、と追い込まれるような感覚が減りましたし、なにより夫との距離も近くなったと思います」

ホルモンの違いに基づいた男女の欲求を理解することで、私たちはパートナーを支え、お互いにいつまでも失われない魅力を感じ合えるようになるのだ。

まとめ

- オキシトシンは、女性のストレス低減に欠かせないホルモンだ。この〝愛のホルモン〟を増やすことが、エストロゲンを自然な方法で高めるためのカギになる。
- オキシトシンの分泌を促す代表的な行動は、肌の触れ合いだ。触れ合いは女性にとって特に重要。愛情や思いやりを伴う行動でも、オキシトシンは増やせる。
- ストレスを感じている女性にとって、パートナーの男性に話を聞いてもらうことは絶大な効果がある。話を聞くだけで、男はヒーローになれる。

第7章

女性の幸福のカギを握る4つのホルモン

――カップルが必ず知っておきたい、ホルモンバランスに合わせた愛情の秘訣

女性にとって大切な4つのホルモンの知識

女性のストレスを減らし、幸福度を高めるために重要な働きをするホルモンは4つある。オキシトシン、エストロゲン、プロゲステロン、テストステロンだ。これらのホルモンが女性のストレスに及ぼす影響と、健全なホルモンバランスを保つ方法を理解することは、現代の男女が安らぎや愛情、幸福感、充実感を味わうために不可欠だ。

つがいの絆――「オキシトシン」と「エストロゲン」

オキシトシンは女性のストレス軽減に欠かせないホルモンだ。女性が〝女らしさを表現するのに必要な支え〟を受けたとき、あるいは受けられると期待したときに分泌される。

過去15年間の研究によって、オキシトシンがもたらす「愛情や信頼などの感情を抱きやすくなる」「スムーズな出産を促す」「母乳の出が良くなる」「性的な興奮や反応性を高め、オーガズムを向上させる」「睡眠の質が上がる」などのさまざまな効果が明らかになった。

エストロゲンは女性の生殖系を司る主要な女性ホルモンで、女性らしい身体的特徴の発達と維持を促す。エストロゲンは月経後10～12日間で徐々に上昇し、排卵前後でピークに達すると、その後の12～14日間で低下する。

月経周期の後半（排卵後の約12日間）では、エストロゲンレベルが高すぎると、パートナーとの関係で過度に愛情に飢えた状態になることがある。これは「エストロゲン優性」と呼ばれる現象だ。

月経周期を通して、女性のホルモンバランスは絶えず変化している。オキシトシンとエストロゲンは、女性が「つがいの絆」と呼ばれる関係にあるときに増えやすい。これは、相手に何かをすることで、お返しに別の何かをしてもらうような持ちつ持たれつの関係を指す。つがいの絆は男女の関係に限定されず、学校や病院、美容院で料金を払って対価を受けとるときなどにも当てはまる。とはいえ恋愛関係ではオキシトシンとエストロゲンの分泌はとりわけ強力に促される。男性も、相手との愛情を感じる関係にあるときにオキシトシンとエストロゲンレベルが上昇する（これは男性のテストステロン分泌の妨げになることがあるため注意が必要だ）。

従来のロールメイトの関係では、女性のオキシトシンとエストロゲンは男性の経済的支えに応じて増えた。女性は生存と安全という欲求を男性に支えられながら、〝人の世話をする〟という女らしさを表現した。

だがソウルメイトの関係では、女性のオキシトシンとエストロゲンは男性の心の支えに応じて増える。男性が話を聞き、ロマンチックな愛情によって思いやりや理解、尊重を示すと、女性の〝人の世話をする〟という女らしさは感謝や信頼、受容などと共に表現される。

女性は恋愛以外でも、子供やペット、家族、カウンセラー、職場の上司などとの関係のなかに、つがいの絆を見つけることもできる。

女性が幸せホルモン「オキシトシン」と「エストロゲン」を増やす40の方法

女性がオキシトシンとエストロゲンを増やしやすい活動を40個紹介しよう。
分泌されるオキシトシンとエストロゲンの度合いは、その活動を通して女性がどれくらいの愛情や支えを得たかによって変わる。**オキシトシンは女性が女らしさを表現するのに必要な支えを得ることで、エストロゲンは女らしさを表現することで分泌されやすい。**

女性は女らしさを表現するための支えを得ることを期待すると、実際に支えを得ているのと同じくらいのオキシトシンとエストロゲンが分泌される。

これらの活動の多くは、友人と一緒に行うと、つがいの絆とは異なる、「仲間との絆」（社会的結合）と呼ばれる絆になることがある。その違いは、分泌されるホルモンの種類だ。パートナーや恋人、あるいは医師、美容師などのプロフェッショナルの場合は主にオキシトシンとエストロゲンが分泌されるが、友人と一緒だと、この2つのホルモンに加えてプロゲステロンも分泌されやすくなる。

女らしさを表現するための支えを得る30の活動

「問題について話す」「恋愛について話す」「ハグする」「気持ちを吐露し、誰かに話を聞いてもらっていると実感する」「髪をカットする」「ペディキュアを塗る」「マッサージを受ける」「協力する」「協調する」「褒められる」「誰かの力を借りる」「したいことをするのに十分な時間を得る」「自分の時間を過ごすための協力を得る」「安全だと感じる」「祈る」「感謝の気持ちを持つ」「デートをする」「恋愛をする」「非性的なボディタッチ」「注目される」「気分や求めていることに目を向けてもらう」「誠意を込めて謝られる」「花を贈られる」「相手の好意で助けてもらう」「手紙やハガキを受けとる」「コンサートなどの文化的催しに参加する」「励まされる」「見られていると感じる」「尊敬されていると感じる」「愛されていると感じる」

女らしさを表現するための支えを期待する10の活動

「デートで相手に質問をする」（男性が自分に興味を持ってくれることを期待）
「買い物をする」（新しく買った物で、他人に良い印象を与えることを期待）
「お気に入りの靴やアクセサリーを身につける」（他人から注目され、興味を持ってもらうことを期待）
「化粧をする」（男性の目を惹きつけ、好印象を与えることを期待）
「美しく着飾る」（人に見られ、賞賛されることを期待）
「セクシーな下着を身につける」（パートナーに魅力を感じてもらうことを期待）

「贈り物をする」(相手から感謝されることを期待)
「人を助ける」(コミュニティから評価され、後で必要なときにサポートされることを期待)
「パートナーの夕食をつくる、世話をする」(男性が洞窟から出てきたとき、自分に愛情を注いでくれるようになることを期待)。
「子供の世話をする」(パートナーの支えと子供からの無条件の愛情を期待)。

男性もこれらの活動を好むことがある。その結果としてオキシトシンとエストロゲンが増え、良い気分を味わうが、女性とは違いストレスは減らない。むしろ、テストステロンは減り、活力が失われ、ストレスが増えることもある。

男性は、女性を幸せにしているという実感があるとテストステロンの分泌が刺激され、ストレスが減る。女性の幸福を期待するだけでも、テストステロンを高められる。

「今日は美術館に行かずに家でテレビを観ていたいなあ。だけど、行くことで彼女が幸せになるのなら、自分のテストステロンは増えるし、幸福度も高まるぞ」

「男性である自分はストレスを減らすためにハグは特に必要ないが、女性にはオキシトシンが必要だ。だから、ハグをして彼女に必要な支えを与えられれば、それが自分の自信になってテストステロンが増え、ストレスも減る。それに、オキシトシンが増えることで彼女との絆の深まりも感じられるようになる」

と考えられるようになるのだ。

職場を離れたときこそが大事

前述のリストを見れば、職場は女性にとってオキシトシンを増やすための理想的な場所ではないことがよくわかる。女性にとって働きやすい職場環境をつくるために努力している企業も増えてはきている。だが、女性が仕事のストレスにうまく対処するには、職場を離れたときにオキシトシンとエストロゲンを増やす活動をとることも大切だ。

この重要性を理解していない限り、昨今話題のワーク・ライフ・バランスも真の意味では達成できない。女性の負担が増え、ますます時間に追われてしまうようになるだけだ。

女性は男性に比べて、仕事のストレスが終業後や週末も低下しにくい。また残業が多いと、男性に比べて終業後や週末に感じるストレスが強くなる。

しかし、女性は帰宅後に**オキシトシンとエストロゲンの分泌が促されやすい活動のことを考えるだけで、オキシトシンが分泌されやすくなり、仕事中のストレスレベルを低く保てる**。たとえば、数日後に予定している楽しみなデートのことや、パートナーや友人に愚痴を聞いてもらうことなどだ。

テストステロンが男女にもたらす大きな利点は、喜びを先送りする能力を向上できることだ。男性はテストステロンレベルが高いと、重労働や危険な仕事のストレスに耐えやすい。後で報酬が得られるとわかっていれば、目の前の苦痛から一時的に目を背けられるのだ。日中、外で働いていて、テストステロンが刺激されやすい環境にいる女性も、満足感を延期してストレスに対処する力が強い。男性にとっての喜びは良質の洞窟タイムと幸せなパートナーとの時間で、どちらも男らしさを支えている。女性が求めている喜びは、女らしさを支える私生活だ。だがストレスを下げるために必要な支えを得ていない女性は、帰宅後にさらにストレスレベルを高めてしまう。

家庭での女性のストレスは一般的な現象になった。だが、女性ホルモンを増やしてストレスを減らす方法を理解すれば、女性は職場では生産的になり、家庭では幸せになれるのだ。

プロゲステロン——脳を落ち着かせ、ストレスを減らす

プロゲステロンはエストロゲンと同じく女性の月経周期で重要な役割を担うホルモンで、妊娠の初期段階にも大きな働きをする。排卵後に分泌され、月経周期の後半（排卵後12〜14日）にストレスの軽減に貢献する。

プロゲステロンはエストロゲンに対してホルモンバランスを保ち、女性の身体が妊娠で

きる能力を維持する。この重要なホルモンも、女性の気分に大きな影響を与える。**エストロゲンは脳を興奮させ、プロゲステロンは脳を落ち着かせる。**どちらのホルモンも月経周期の後半に必要だが、プロゲステロンレベルが高くないとストレスが増える。

プロゲステロンは、人の世話やフレンドリーな活動をすることで分泌が促される。このホルモンは、「仲間との絆」を体験するときに分泌されやすい。つまり、プロゲステロンは、女性がパートナー以外の男女と親しく友好的な交流をしているときに増える。

仲間との絆とつがいの絆の間にはわずかだが大きな意味を持つ違いがある。仲間との絆はプロゲステロンの、つがいの絆はオキシトシンとエストロゲンの分泌が促されやすいのだ。同じ活動でも、状況によって「仲間との絆」にもなればつがいの絆にもなることがあり、分泌されるホルモンも前者はプロゲステロン、後者はエストロゲンと異なってくる。

たとえば、ある女性がヨガやエアロビクスのようなグループ・エクササイズに参加していた場合、他のメンバーとの仲間との絆はプロゲステロンの分泌を促すが、クラスの指導者に特別な指導やサポートを求めた場合、それはつがいの絆になり、オキシトシンとエストロゲンの分泌が促される。

プロゲステロンは、女性が楽しさや幸福感、愛情などを自分のために味わうときにも分泌される。基本的に、女性がストレスのない環境で自分のために時間を過ごしていると、プロゲステロンが分泌される。プロゲステロンを刺激する活動は次の二種類に大別できる。

仲間との活動

「トランプやボードゲーム」「スポーツなどのチーム活動」「グループで一緒に歌う」「グループでヨガなどをする」「人と一緒に食事をする」「価値観が近い親やきょうだいと一緒に時間を過ごす」「女性同士で同じような体験談を話し合う」「子供の学校での慈善活動に参加する」「パーティーなどで女友達と語り合う」「コンサートを鑑賞する」

一人での活動

「健康的な食生活など、身体に良いことをする」「新しいことを学ぶ時間をつくる」「読みたかった本を読む」「以前からつくってみたかった新しいレシピに挑戦する」「家の掃除をする」「考えていることや気分や感情を記録する」「瞑想をする」「共感する登場人物が出てくる小説やテレビ番組、映画を楽しむ」「ガーデニングをする」「自然の中でのエクササイズやウォーキングをする」「湯船に浸かりながらキャンドルを楽しむ」「好きな音楽を聴く」

二種類の活動に共通しているのは、人のためではなく自分のための活動だということだ。

プロゲステロンは月経周期の後半に必要

これらの活動が特に役立つのは、ストレスホルモンを低下させるためにエストロゲンよりもプロゲステロンが必要になる、月経周期の後半だ。月経周期の前半（月経終了から10日〜12日後）では、女性の身体はわずかなプロゲステロンしか必要としない。この期間では、オキシトシンとエストロゲンが女性の幸福にとってもっとも重要なホルモンになり、プロゲステロンを増やす仲間との活動はあまり重要ではなくなる。

プロゲステロンの分泌がもっとも重要な月経周期の後半では、女性がパートナーに愛情を注ぎすぎていると、十分なプロゲステロンの分泌は促されない。女性はこの期間中、一人や仲間とすごす時間が十分にとれないときにストレスを感じる。そして、パートナーを責め、高い要求をして憤慨する。後述する〝自分時間〟や仲間との絆の重要性を理解することで、女性はパートナーへの過剰な依存から解放される。

月経周期の後半に女性がイライラを感じ始めたら、ストレスを減らすのに効果的なのはプロゲステロンを増やすことだ。男性のパートナーとの親密な時間はエストロゲンとオキシトシンを増やすのには役立つが、プロゲステロンは女性が仲間や一人で楽しむ時間を過ごすことで分泌されやすくなる。

月経周期の後半は前半に比べ、男性のサポートは女性のストレスを軽減したり、幸せな気分にしたりするためにはあまり役立たなくなる。それでも、男性は側にいて愛情を注ぎ、女性が仲間との絆のために必要な時間をつくるのを助けることで、女性が自力で幸せになることに協力できる。この理解がないと、男は余計なアドバイスをしたりして、女の幸福を妨げてしまうことになる。

過剰なテストステロンには要注意

量は男性のほうが10倍も多いが、テストステロンは女性にとっても重要なホルモンだ。月経周期の後半にプロゲステロンがエストロゲンの増えすぎを防ぐのと同じように、テストステロンは月経周期の前半にエストロゲンの増えすぎを抑える働きをする。

女性のテストステロンとエストロゲンは、片方が上がるともう一方が下がるシーソーのように作用する。 女性のエストロゲンは常にテストステロンより多いことが望ましい。テストステロンが高すぎるとストレスが増え、排卵やリラックスがしにくくなる。

プロゲステロンが主なストレス軽減ホルモンになる月経周期の後半では、過剰なテストステロンがプロゲステロンを低下させる可能性がある。テストステロンは、女性が女らしさを抑え、男らしく振る舞うような状況で増える。テストステロンは、女性が仕事後や近い将来に女らしく振る舞えるのを楽しみにしている限り、職場でてきぱきと仕事を進めるのに役立つというメリットをもたらしてくれる。

テストステロンは女性が職場で男らしさを表現するときに、プロゲステロンはプライベートで男らしさと女らしさの両方を表現するときに増える。たとえば、職場で競争にさらされていたり、忙しいためにプライベートよりも仕事を優先させたり、リーダーとして判断をしているときなどは、プロゲステロンよりもテストステロンが増えやすくなる。

月経周期に従った女性のホルモンサイクルとは

女性ホルモンの量は月経周期に合わせて変化する。このホルモンサイクルの仕組みを理解すると、ホルモンレベルに合わせて女性の欲求がどう変化するのかをよく理解できるようになる。次の図に、健康でストレスのない女性のホルモンの変化を示す。

健康でストレスのない女性がストレスに対処するには、平均28日間の月経周期の3つのフェーズに合わせて適切な行動をとる必要がある。

・月経期の5日間、女性ホルモンのレベルはすべて低くなる。女性は男性からあれこれと要求されないようにすべきだ。静かな一人の時間や仲間との時間が必要だ。

・次の5日間、エストロゲンが上昇しているとき、女性は男らしさと女らしさの両方を表現でき、喜びを先延ばしにできる。この時期の女性が必要なのは、仕事の世界では男らしさを、プライベートでは女らしさを表現できる環境だ。この時点では女性は創造的で、自立的で、達成したことを評価され、賞賛されたいという欲求が高くなる。

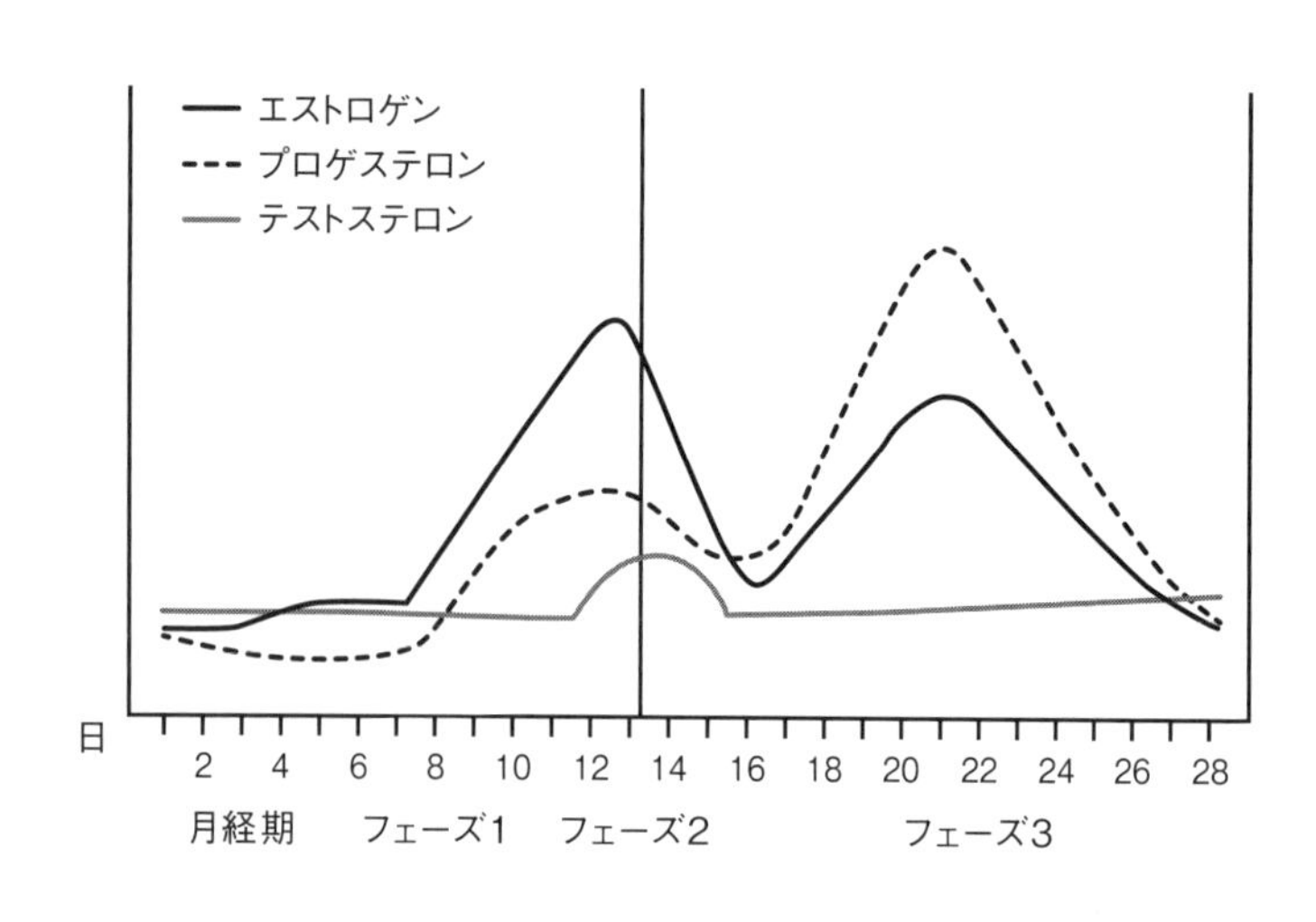

・次の5日間は排卵前後の時期で、エストロゲンレベルは2倍になる。女性はつがいの絆を必要とする。ロマンチックなデートをする、話に耳を傾けてくれる人に繊細な気持ちを吐露するのに最適な時期だ。男性が女性の気分を変える最大の力を持っている時期。

・月経周期の最後の12〜14日間、女性は主に仲間との絆が必要だ。男は、女性の仲間との絆のニーズをサポートすることで、最大の貢献ができる。

男女とも、互いの支えの質を高めるために、これらのフェーズを視覚化してカレンダーに書き込むことをお勧めする。デートの日程を計画するのに最善の時期は月経直後の5日間だが、実際にデートをするのに最適なのはその次の5日間だ。

前述したように、研究によれば、閉経後も副腎によって女性ホルモンは分泌され続ける。以前と同じようなホルモンサイクルが継続されるが、変化はそれほど顕著ではなく、柔軟だ。目安として、閉経後は新月を月経の開始期、満月を排卵期と考えるとよいだろう。

まとめ

- 女性のストレスを減らし、幸福度を高めるために重要な働きをするホルモンは4つある。オキシトシン、エストロゲン、プロゲステロン、テストステロンだ。
- 月経周期を通して、女性のホルモンバランスは絶えず変化している。オキシトシンとエストロゲンは、女性が「つがいの絆」と呼ばれる関係にあるときに増えやすい。
- 女性の月経周期に合わせた3つのフェーズを把握しておくと、男女とも、互いに与える愛情やサポートの質を高めやすくなる。

第8章 相手時間・二人時間・自分時間
——カップルの愛を格段に深める、3つの時間の使い方

女性のホルモンサイクルを理解する

私の娘のローレンは女性向けのインターネット・コースで、毎月体験するホルモンの変化のなかで安らぎや愛情、幸福感、充実感を保つ方法を教えている。カギは、「相手時間」、「二人時間」、「自分時間」の最適なバランスを見つけること。月経周期を通して絶えず変化しているホルモンバランスに合わせて、時間の過ごし方を変えるのだ。

月経中の女性のホルモンの働きを理解することは、男女どちらにとっても重要だ。女性は自分が幸せになるために、男性にどんな態度やコミュニケーションをとってほしいのかを伝えられるようになる。男性もパートナーの変わりやすい気持ちや反応、欲求を理解で

きるようになるので、自信を持てる。

これを理解していない男性は、「同じ言葉をかけても、ある日はうまくいくのに、別の日になると全然効果がない。女心はわからないよ」と嘆くことになる。その理由が、ホルモンサイクルに応じて女性の欲求も変わるためだということがわかっていないからだ。

女には、男の愛情を求める時期とそうでない時期がある。男に冷たくされても何とも感じない時期もあれば、ひどく傷つく時期もある。つまり、男は女を幸せにしやすい時期もあれば、女が自力で幸せになるのを助けることしかできない時期もあるのだ。

ただし、ホルモン変化の時期には誤差があることに留意してほしい。平均すると月経周期は28日間だが、女性によって差があるし、同じ女性でも月によって異なる。

女性のホルモンの変化を意識しよう

月経周期の間、女性の最適なホルモンバランスは絶えず変化する。ストレスを感じていると、このバランスは乱れやすくなる。

この乱れを回復させるコツを理解していると、女性はストレスを和らげやすくなり、月経周期に合わせた最適なパートナーとの過ごし方もわかるようになる。男性も、ロマンチックな行動やセックスに最適な時期、女性が自力で幸せな気分になるのをサポートするのに最適な時期がわかるようになる。

この理解を得ることで、男性は〝自分にはいつでも女性を幸せにさせる責任がある〟というプレッシャーから解放され、女性が一人で楽しい時間を過ごすことを後押しできるようになる。

相手時間・二人時間・自分時間とは

月経周期中のホルモンの変化に注目すると、女性が最適な行動（相手時間、二人時間、自分時間）をとるべき時期がわかる。

1.「相手時間」とは、誰かのための時間のことだ。たとえば、家の外で仕事をする、家で育児をする、といった時間が当てはまる。仕事中にはテストステロンが、誰かの世話をしているときはエストロゲンが多く分泌される。

相手時間が女性のホルモンバランス回復とストレス削減にもっとも効果的なのは、月経終了後の5日間だ。テストステロンとエストロゲンが自然に増加するこの5日間を、本書では月経周期の「フェーズ1」と呼ぶことにする。閉経後の女性にとって、新月の約4日後からの5日間に相当する。

2.「二人時間」とは、パートナーと過ごす時間のことだ。女らしく振る舞うことでオキシトシンが増え、テストステロンが（高すぎる場合）下がり、エストロゲンが増える。月経後の6日～10日間、排卵期の前後に女性ホルモンはピークに達する。エストロゲンは普段の倍になり、パートナーからの適切なサポートがあれば、オキシトシンも最高レベルに達する。

この5日間で女性のホルモンバランス回復とストレス削減にもっとも効果的なのはオキシトシンを増やすことだ。この5日間は、男のロマンチックな行為や努力が最大の効果を発揮する。女性は繊細になり、愛情深い心の支えが必要になる。

エストロゲンとオキシトシンがピークに達するこの5日間が「フェーズ2」になる。閉経後の女性にとって、満月前後の5日間に相当する。

3.「自分時間」とは、仲間と何かをしたり、一人で楽しんだりする時間のことだ。このとき女性は、男らしさと女らしさの両方を自由に表現できる。誰かのためではなく、自分のために時間を過ごせる。これによってプロゲステロンが増え、高すぎる場合はエストロゲンを減らせる。

女性が相手時間でテストステロンを使い果たしてしまうと、自分時間が必要になる。男性にとっての洞窟タイムと同じように、女性が一人で時間を過ごすことによってプロゲステロンが増え、テストステロンを回復できる。これは、女性の性欲や活力も高める。仲間と自分時間を過ごすことでプロゲステロンを増やし、二人時間で増えすぎたエストロゲンを低下させられる。それによって女性の心は落ち着き、ストレスは減り、前向きな気持ちになれる。

自分時間が女性のホルモンバランス回復とストレス削減にもっとも効果的なのは、排卵後の12～14日間（月経周期の後半）だ。自分時間の活動は、3～5日間の月経期にも効果的だ。

月経前の12～14日間と月経期の3～5日が、月経周期の「フェーズ3」だ。この16～18日間、女性がストレスに対処するためには、エストロゲンよりも、プロゲステロンとごくわずかなテストステロンが有効になる。閉経後の女性にとって、満月の数日後から新月の5日後までの合計約18日間がこれに相当する。

3つのフェーズで分泌されやすいホルモンを知ることは、女性の日々の生活を助けてくれる。

フェーズ1では、私生活より仕事を優先させていても前向きで幸せな気分を感じやすい。

フェーズ2では、パートナーと親密な時間を過ごすことが重要になる。

フェーズ3では、パートナーとの時間だけではなく、自分時間を楽しむことが効果的になる。仲間と過ごしたり、一人で何かを楽しんだりする自分時間は、女性が親しい人とのつながりや充実感を味わうために欠かせない。このフェーズでは、女性がパートナーに頼らず、自分の力で充実感を味わうことが大切になる。

5日間の〝愛の期間〟──「二人時間」はなぜ重要か

フェーズ2では、パートナーとの親密な時間がもっとも必要になる。この5日間の〝愛の期間〟にパートナーとの二人時間で体験するロマンチックな感情や愛情の効果は大きく、良い影響は他の期間にも持続する。

この時期に女性から良い反応を得ることは、男性にポジティブな影響を与える。女性がパートナーからの愛情をもっとも必要とするこの時期は、男性にとってヒーローになれるチャンスだ。エストロゲンレベルが高くなるフェーズ2の女性は、女らしい繊細な感情を抱きやすくなる。**男性がフェーズ2で適切な支えを与えられないと、フェーズ3になってもふたりの関係に悪影響が持続する。**男と女がフェーズ2の女性ホルモンの働きの大切さを理解していないと、この5日間には喧嘩をしやすくなる。女性は、エストロゲンが倍増するこの時期に女らしさを十分に表現できないとストレスが高まるからだ。

男性はこの5日間の〝愛の期間〟に、女性をいつも以上に幸せにできる。辛い時期を過ごしている女性に対しても、最大限のサポートができる。逆に言えば、この時期にないがしろにされた女性は、ストレスをさらに高める。この5日間に愛情を得られないと、その後の18日間、女性はパートナーとの関係に不満を覚え、要求がきつくなったり、苛立ったりしやすくなる。この5日間で充実した二人時間を過ごせば、女性はその後の期間ではパートナーの愛情を必要以上に求めなくてもすむようになる。

対照的に、フェーズ1とフェーズ3では、男性はフェーズ2ほど女性を幸せにはできない。が、女性が自分を自由に表現して幸福感や満足感を得るための安全な環境や支えは提供できる。

これを理解すると、男性は〝常に女性を幸せにしなければならない〟という誤った思い込みから解放される。女性がストレスのせいで幸福感を味わっていないときでも、それを自分の責任だと受け止めなくてもすむ。そのため、女性の行動を〝修正〟しようとして求められてもいないアドバイスや解決策を与えようとしなくなる。

男性は女性のホルモンニーズをよく理解することで、彼女が自分を自由に表現しやすくするために、話を聞くことや、安全な環境をつくること、思いやりを持つことなどに意識を向けられるようになるのだ。

女性が自分時間へ移行するのに必要なもの

私の娘のローレンは、数千人へのカウンセリングを通して、〝一日の大半を仕事での相手時間に費やすことでテストステロンが増えている現代の女性には、ストレスを減らすために自分時間が必要だ〟と考察している。つまり、**男性が洞窟タイムを必要とするのと同じように、男らしさが求められる社会で働いている女性も、テストステロンを回復する機会を必要としているのだ**（私は『ベスト・パートナーになるために』を書いたときには、この考えを見逃していた。その以前から何年にもわたって、大勢の女性たちから、「やることが多すぎて自分の時間がありません。人生を楽しむ余裕がないのです」と訴えられていたにもかかわらず）。

自分時間に一人で好きなことをして楽しむのは、テストステロンの回復に最適だ。女性の身体ではテストステロンはプロゲステロンからつくられるため、プロゲステロンの分泌を促す自分時間を過ごすことで、テストステロンも増えやすくなる。

プロゲステロンには女性の性欲を高める作用もある。オキシトシンとエストロゲンはセックスへの反応や楽しみを高めるが、プロゲステロンとテストステロンは性的快感への欲求を高め、セックスを楽しくするのに役立つ。

自分時間でプロゲステロンを増やすと、女性はテストステロンレベルを回復しやすくなる。だが女性が時間の使い方を相手時間から自分時間に変えるのは簡単ではない。自分時間を優先させるのを難しいと感じ、自分時間をつくっても十分にリラックスして楽しむことができない女性は多い。

女性が自分時間でホルモンを十分に補充できないと、相手時間に留まり、自分のことではなく他人のことだけを考えるようになりやすい。また、以前に二人時間で得た幸せを覚えているので、強いストレスを感じると、パートナーから十分に愛されていないことをその原因だと考えてしまうようになる。

現代の女性は本能的に自分一人で楽しむ時間をとることの大切さを知っているが、すべきことが多すぎて、常に時間に追われているような状況にも陥っている。そこで、女性が相手時間から自分時間に移行するために、二人時間が必要になる。

女性がオキシトシンを増やすことなく、テストステロン（相手時間）から突然プロゲステロン（自分時間）の分泌に移行するのは難しい。相手時間で女性のテストステロンが増えすぎると、自分時間でプロゲステロンを分泌する能力が低下するからだ。だが二人時間でつくられるオキシトシンはテストステロンを低下させるので、女性は自分時間でプロゲステロンをつくりやすくなる。

私の娘のローレンの〝女性が相手時間から自分時間に移行するには二人時間が必要〟という考えは、私が本書を書くきっかけになった。この理解は、女性だけでなく男性にとっても重要だ。**男性なら誰でも願う、〝女性を幸せにすること〟のカギを握るのが、二人時間を過ごし、女性がスムーズに自分時間に移行できるようにすることなのだ。**

愛のホルモンオキシトシンは各フェーズでどれくらい必要？

女性がホルモンバランスを保つために、月経周期の3つのフェーズでは、それぞれ異なる度合いのオキシトシンが必要になる。フェーズ1では、オキシトシンは心地良さを与えてくれるが、ストレスを減らすことにはそれほど貢献しない。フェーズ2では、オキシトシンがもっとも必要になる。ストレスを減らすだけではなく、他のフェーズにも持続する充実感が得られる。フェーズ3では、フェーズ2ほどの幸福感は得られないが、ストレス削減に効果的な二人時間から自分時間への移行を助ける。

フェーズ1――オキシトシンはあまり重要ではない。一般的に、女性はエストロゲンが増えると異性との親密な関係を求めるようになる。この月経直後の5日間では、エストロゲンが徐々に増えるため、その後のフェーズ2ほど二人時間は必要ない。プロゲステロンも低いので、自分時間のニーズも少ない（昼間の仕事でテストステロンが増えすぎた場合は、オキシトシンでエストロゲンの分泌を促し、ストレス軽減に役立てられる）。

フェーズ2――エストロゲンレベルがピークに達するこの5日間の〝愛の期間〟では、テストステロンレベルを一定に保つためにオキシトシンがもっとも重要になる。オキシトシンが十分に分泌されると、女性の情熱は高まり、心もオープンになり、肉体的な喜びの感覚も普段より大きくなる。

十分な二人時間を過ごして**オキシトシンを増やせば女性は満足感を得やすくなるが、不足していると苛立ちを感じやすくなる。**

オキシトシンは、大切な人からの愛情や注目、共感、理解などによって短期間で爆発的に増加する。私がビーナス・トークの最後に提案している3〜6秒間のハグでも、一気に増加する。女性は長時間のハグで良い気分を味わえることもあるが、久しぶりに抱き合ったような特別なケースなどを除いて、オキシトシンはハグの時間に比例して増え続けるわけではない。

オキシトシンには、フェーズ2以外でもメリットがある。私は毎日、妻と起床、出勤、帰宅、就寝のタイミングで4回ハグをする。日常的に肉体的に愛情を確かめ合うことは、女性に〝パートナーに愛されている〟という大きな感覚をもたらす。

フェーズ2でオキシトシンを増やすと、女性は時間に追われるような気ぜわしさから解放され、安らいだ愛情深い感覚を取り戻せるようになる。食べ物や芸術、音楽、触れ合い、セックスを普段よりも楽しめるようになる。パートナーからオキシトシンの分泌を促すサポートを頻繁に得ていることで、オーガズムに達しやすくなる。研究によれば、女性がセックスで絶頂を体験するには、オキシトシンのレベルを高めておくことが望ましい。

フェーズ2は、カップルがロマンチックなデートを楽しむのに最適な時期だ（ただし、デートを計画するのはフェーズ1のほうが適している。女性がデートを長い時間心待ちにできるからだ）。

前戯の目的は、パートナーに触れられてオキシトシンの分泌が促された女性が、オーガズムを体験しやすくすることだ。ただし、女性が前戯の快感を十分に味わうには、オキシトシンとエストロゲンが高くなければならない。寝室外での非性的なタッチは、ロマンチックな行為と同じく女性のオキシトシンを増やすので、寝室での性の喜びを高められる。セックスの後は、オーガズムで分泌され、消費されたオキシトシンを回復するために、パートナーとしばらく抱き合うのが望ましい。

フェーズ3——オキシトシンは重要だが、わずかしか必要ない。 フェーズ3でストレスを減らすにはプロゲステロンが効果的で、エストロゲンは少量でよく、テストステロンはほとんど必要ない。

このフェーズでのオキシトシンの役割は、テストステロンとストレスホルモンを低下させるプロゲステロンの分泌をできるだけ早く開始するために、自分時間に移行できるようにすることだ。プロゲステロンが増えると心が落ち着き、一人の時間や仲間との時間を楽しみやすくなる。

この相手時間から自分時間への移行には、少量のオキシトシンのみで十分だ。またこの**フェーズでは、二人時間でオキシトシンを増やしすぎるとエストロゲンレベルが上昇し、プロゲステロンが減ることがある。**

フェーズ3では、女性のプロゲステロンレベルはエストロゲンレベルより高くなければならない。このフェーズでエストロゲンがプロゲステロンより高いと、〝エストロゲン優性〟と呼ばれる、性欲減退、月経不順、むくみ、乳房の痛み、頭痛、気分変動、過敏症、抑うつなどのネガティブな症状を引き起こすことがある。

フェーズ3の女性が、プロゲステロンを刺激する自分時間ではなく、オキシトシンを刺激する二人時間に過度に意識を向けていると、エストロゲン優性の不快な症状が起こることがある。エストロゲンが高くなると、パートナーの支えに満足せず、もっと多くの愛情を求めてしまいがちになる。エストロゲンの分泌を刺激することで良い気分は味わえるが、ストレス軽減にはあまり効果がない。

フェーズ3で女性が二人時間に時間を費やしすぎ、自分時間が不足しているかどうかは、気持ちをチェックすることで判断できる。気分が良くストレスを感じていない場合、女性ホルモンのバランスがとれている。ストレスを感じたり、パートナーに不満を感じたり、怒りや嫌悪感を覚えているときは、二人時間ではなく自分時間に意識を向けてみよう。

オキシトシンで心を開く

強く自立した生き方をしている女性は、パートナーとの二人時間で心を開くことに抵抗を示す場合がある。それまで目を背けていた否定的な感情が沸き上がってくるからだ。

オキシトシンが増えてエストロゲンレベルが上昇すると、女性らしい繊細な感情を味わいやすくなる。**感受性が高まると、感情を抑え込むのが難しくなる。**美しい夕日を見ているときやオーガズムを体験しているときに女性が涙を流すことがあるのはそのせいだ。

心の奥にある感情を解き放つ方法を知らない女性は、甘い物やテレビ、フェイスブックなどの気晴らしをしながら、本当の感情に目を背け続けるしかない。だがビーナス・トークのような形でパートナーに自分の気持ちを言葉にして伝えるだけで、驚くほどすっきりとした気分を感じられるようになる。

残念ながら、それを実践している女性は少ない。女性の話を聞く方法を知らない男性も、解決策を示して話の腰を折ったり、〝つまらないことを気にしすぎている〟〝考え方が後ろ向きだ〟といった反応をしたりしてしまいがちだ。パートナーと気持ちを分かち合えない女性は、ますますネガティブな考えや感情に陥りやすくなる。**本音を伝えられず、否定的な考えから抜け出せなくなり、表向きはパートナーと良好な関係を保てていても、腹**

の底に不満が募っていく。

カウンセリングの現場で私が感情についての具体的な質問をすると、数分もしないうちに涙を流し始める女性は多い。安心して、自分の心の奥にある女性らしさを表現できると感じたとき、抑圧してきた過去の感情がこみ上げてくるからだ。

日中に抑えている感情から目を背けたいがために、忙しさを理由にしてパートナーとの気持ちの分かち合いを避けている女性もいる。忙しく男性的に働いていれば、繊細な女らしい感情と向き合わなくてもすむ。心に降り積もったネガティブな感情に対処する方法を知らなければ、中毒のようにそのまま男らしさに留まってしまう。だからこそ、女性が気持ちをパートナーと分かち合えるビーナス・トークが重要なのだ。

感情の表現を避けている女性は、パートナーに完全に心を開けないので、性的な喜びの高まりは感じられても、本物の恍惚感を伴うオーガズムを体験できにくくなる。

パートナーとのセックスで一度もオーガズムを味わったことがないという女性は少なくない。男性の前戯が不足しているために十分なオキシトシンが分泌されないという理由もあるが、女性が本当の感情を分かち合わずに、気持ちを抑えていることも原因だ。

ネガティブな感情を抑えていると、次第にポジティブな感情に対しても鈍感になっていく。パートナーを愛してはいても、次第にセックスを求める気持ちが減り、義務のように感じ始める。

　そうなると男性もパートナーとのセックスを楽しめなくなる。夜の営みは続けていても、互いが繊細な感情を分かち合い、愛情に満ち、魂を溶け合わせるような恍惚的な体験ではなくなる。セックスレスになると、男性はポルノサイトなどで性欲を満たそうとする。

ネガティブな感情を手放す

　パートナーと気持ちを分かち合うと、それまで抑えていた否定的な感情が表に出てくることがある。このとき、〝否定的な思考や感情が浮かんできたら、やり過ごす〟と意識しておくことで、健全な対処がしやすくなる（今の時点では安心して気持ちをパートナーに伝えられないと感じたら、日記に気持ちを書き出す、祈る、友人やセラピストに話すなどの代わりの方法をとれる）。

　ネガティブな感情を解放すると、曇間から光が差し込むように、ポジティブな感情が輝き始める。太陽のような女性本来の愛情は、常にそこにある。抑圧された否定的な感情が、それを覆い隠しているだけだ。女性が否定的な思考や感情を意識し、それを手放すためには、豊富なオキシトシンが必要になる。

　ネガティブな感情が浮かんできたら、その少し奥にあるものに目を向けると、別の感情があるのに気づけることがある。浮かんできた感情は、言葉にすると手放しやすくなる。

そうすることで愛情などのポジティブな感情を抱きやすくなると意識していると、さらに効果が高まる。安心して誰かと気持ちを分かち合うことも大いに役立つ。

たとえば、不満を感じたときは、数分間それを感じたあと、その気持ちを言葉にしてみると、なぜ不満を感じているのか、望んでいるのに手にしていないものは何かがわかり、不満のさらに奥にある、落胆や傷心、悲しみ、怒りといった感情が湧き上がってくることがある。ストレスの原因である感情を味わい、それらを手放す意志を持つことで、愛情や感謝に置き換えられるようになる。

仕事の後でリラックスする方法

一日の仕事を終えた後に、人のことではなく自分のことを考えるためにスイッチを切り替えるのが難しいと感じている女性は多い。研究によれば、男性よりも女性のほうが仕事や家庭の問題を長く引きずりがちだ。

女性が追い込まれていると、くつろいで女らしさを取り戻すのは難しくなる。仕事で男らしさを多く表現している女性は特に、**まず二人時間でオキシトシンを増やしてテストステロンの分泌を一時的に停止させるのが効果的だ。**

オキシトシンを増やすためにどの程度パートナーとの親密な時間が必要かは、月経周期のどのフェーズにいるかや、毎日のストレスの程度によって異なる。3秒間のハグで十分なこともあれば、10分間のビーナス・トークやロマンチックなデートが必要な場合もある。

フェーズ3で強いストレスを感じているときは、二人時間が多すぎると、逆効果を生むこともある。オキシトシンはエストロゲンを増やすので、この時期に女性の身体が必要としているプロゲステロンの分泌が抑制されてしまうことがあるからだ。

このためフェーズ3では、不満やストレスを感じている女性は、まず二人時間でオキシトシンを増やし、その後でプロゲステロンの分泌を促す自分時間を楽しむとよい。パートナーへの不満を募らせているとコルチゾールが増え、大切なプロゲステロンが消費されてしまい、自分時間を楽しめなくなる。

愛情を求めることで男性を動機づける

パートナーの女性が二人時間を求めているが、実際には自分時間を必要としているとき、男は自分の殻から出ようという気になりにくい。男は、〝自分は必要とされている〟〝自分が助けたことで彼女は幸せになっている〟と感じるときに洞窟から抜け出したいと思うからだ。

女はよく、男が家事に協力的でないと不満を言う。たしかに、フルタイムで働きながら、子育てや料理、掃除も自分の仕事だと考えている女性が、パートナーに手を貸してほしいと思うのは当然だ。だが、〝月経周期のフェーズ3にいる女性のストレスを減らす〟という観点からは、家のなかを片付けることよりも、まず二人時間でオキシトシンを増やし、それから自分時間を楽しむことが効果的だ。

女性が相手時間から自分時間に移行できない限り、パートナーに家事を手伝ってもらっても、ストレスを減らしたり、幸福感を味わったりすることの効果が薄くなる。いくら協力しても女性が幸せそうにしていなければ、男性は助ける意欲を失ってしまう。女性を幸せにできないと感じた男性のテストステロンは減り、エストロゲンが増える。**その結果、男性は女性に腹を立てたり、男性的な魅力を失ってしまう。そして、家のなかはきれいだが、セックスのない家に一緒に住むことになるのだ。**

夕食の準備や家事を男性に手伝ってもらった女性が、不機嫌になって別の家事をしていると、男性は協力しようという意欲を失う。だが、**女性が手伝ってもらえることで幸せになるとはっきりと伝えれば、男性は殻から出てきて彼女を喜ばせようとする。**

たとえば、女性が「今日は夕食をつくってくれない？　疲れてるから、ゆっくりお風呂に入ってリフレッシュしたいの」と言えば、男性は自分が夕食をつくることでパートナーを幸福な気持ちにできると感じて、意欲を高める。

逆に、「今日は夕食をつくってくれない？　夕べも私がつくったのよ。持ち帰りの仕事もあるし、家の中も散らかっているし」と言うと、男性が助けても、女性はすべきことを続けて、追い込まれた状態から抜けきれない。こんなとき男は、「少しはペースを落とせよ。そんなに働いてばかりいてどうするんだ。家が散らかっていたってかまわないじゃないか。明日片付ければいいさ。お客さんが来るわけじゃないし」と反論し、手伝う意欲を失う。

男性が家事をすることはたしかに重要だ。だがフェーズ3で女性のストレスを下げるには、リラックスして自分時間を楽しめるように、オキシトシンを増やすことが大切だ。必要なのは、男性の心の支えだ。**女性が離婚を望む理由は、家のなかが散らかっていることよりも、男性の心の支えを得られていないことである場合が多い。**

最近の女性は、結婚相手に料理や掃除が得意な男性を選ぶ傾向がある。だが、その本当の理由は何だろうか。たしかに、家事が得意な男性には価値がある。だが女性がこのような男性を選ぶのは、自分を幸せにしてくれる愛情や心の支えを与えてくれることを期待しているからなのだ。女性が本当に必要としているのは、皿洗いをしてくれる男性ではない。真の自己を発見し、表現するための心の支えと安全な場所を与えてくれる男性なのだ。

男性は自分時間にこもりがち

女性とは違い、男性は職場での相手時間から家庭での自分時間（洞窟タイム）に簡単に移行できる。自分時間で男性ホルモンを回復したら、殻から出て、二人時間を楽しむ、女性の自分時間をサポートする、といったことができる。だがこの仕組みを理解していなければ、男性は女性が不満や時間に追われた感覚にとどまり続けるのと同じように、自分の殻にとどまろうとする。

この現象は、現代のストレス社会によってさらに悪化する。男性は強いストレスを感じているほど洞窟から出ようとしなくなる。だが、ソウルメイトの関係をつくるためにはそれが必要だという新しい理解があれば、二人時間のために洞窟から出てくるようになる。

男女の生物学的なホルモンの違いを理解していないと、優しい男性は女性と家事を同等に分担しようとして、結果として女性と同じように時間に追われてしまうことになる。男性はまず洞窟タイムで男らしさを回復すると、女性を支えやすくなる。

男性には、仕事後にテストステロンを回復するための自分時間が必要だ。一日の仕事を終えた女性は二人時間を必要としているが、〝男には自分時間が必要〟と理解していれば、男性の洞窟タイムを許しつつ、その後で二人時間を楽しみ、そこで得たオキシトシンを使って自分時間に移行できるようになる。

女性は、洞窟から出てきた男性から愛情を与えてもらうことを期待していれば、女性らしい活動をすることで、二人時間ではなくてもオキシトシンの分泌を促せる。

男性が洞窟から出てきたら、女性は月経周期に応じて、自分時間や二人時間を増やすためのサポートを求められる。自分時間や外で友人と過ごす時間がほしければ、男性に子供たちを風呂に入れる、本の読み聞かせをするといった家事や仕事を頼めばいい。

男を洞窟から出すためには

女性にとって相手時間から自分時間への移行が難しいのと同じように、男性にとって自分時間から二人時間に移行するのは難しい。時間に追われている女性は、オキシトシンの力を借りてテストステロンを下げてエストロゲンを高められなければ、相手時間からいきなり自分時間を楽しむことにはうまく切り替えられない。だから男性は、余裕のない女性に〝そうせかせかするなよ〟と言ってはいけないのだ。同じく、洞窟タイムで寛ぐ男性に、〝忙しいのにそんなことをしないで〟と女性が言うのも野暮だ。

女性は相手時間から自分時間に移行するためにオキシトシンを必要とするが、男性は洞窟タイムから二人時間に移行するためにバソプレシンと呼ばれるホルモンが必要になる。

男性のバソプレシンはエストロゲンを減らしてテストステロンを増やす。テストステロンが増えると、男性は洞窟から出て妻子の欲求を満たそうとする。バソプレシンが不足していると、男性はなかなかソファから重たい腰を上げようとはしない。

バソプレシンは、男性に他人との絆を深めさせるホルモンでもある。男性の性的魅力と、パートナーの女性を守ろうとするモチベーションを高める。だが女性に対しては逆の作用が働く。女性はバソプレシンが増えるような状況にいると、セックスへの興味を低下させ、不安が強くなり、自分や身の回りの人を守ることへの意欲が高まる。

バソプレシンに関する研究の多くは、プレーリー・ハタネズミを対象にしている。このネズミは、現代人の大半がそうであるように、生涯にわたって一組のオスとメスがつがいの関係を続ける。同じカップルのみで性交をし、同じ巣に棲み、子育てをする。オスは家族や巣を守る意識がとても強い。このような形のつがいの行動をとる動物は、全哺乳類のわずか3パーセントしかいないため、プレーリー・ハタネズミは人間のカップルが二人時間を過ごすときに何が起きているかを神経生物学的に理解するための貴重なモデルになる。

男女がお互いを魅力的だと感じるとき

危機や緊急事態が生じたとき、誰かに必要とされていると感じると、男女ともにバソプレシンの分泌が刺激される。一方、同じ状況で自分を守ってくれる誰かの存在を感じると、男女ともにオキシトシンの分泌が刺激される。**二人時間でカップルが親密な時間を過ごすと、男性はバソプレシンが、女性はオキシトシンが増える。**ただし、男性は女性に必要なサポートを与えていると実感していること、女性は男性のサポートを必要とし、それに感謝していることが条件になる。この状態のとき、男性の女性に対する魅力は高まり、女性の男性に対する性的でロマンチックな反応も高まる。

緊急時に女性が男性を助けると、女性はバソプレシンが、男性はオキシトシンが増える。緊急事態を乗り越えたことで、その瞬間はお互いに良い気分を味わうが、バソプレシンが減った男性は魅力を落とし、バソプレシンを増やしてオキシトシンを減らした女性はセックスへの関心やロマンチックな行為への反応を低下させる。その結果、女性は男性への恋愛感情を抱きにくくなり、母親のような感覚を持ってしまう。

必要とするものを手に入れたり、手に入れることを期待したりしたときに分泌されるオキシトシンとは違い、バソプレシンは誰かに必要とされたときに分泌される。誰かに強く必要とされるほど、バソプレシンは増える。同じく、私たちが誰かを必要とし、必要なサポートを得られると感じるほど、オキシトシンは増える。

初めて直面するような難しい状況でも、成功を確信しているときは、バソプレシンが分泌されやすくなる。このような状況では、ドーパミンが増えやすい。バソプレシンは、ドーパミンが多く、テストステロンが枯渇していない場合にもっとも分泌される。だからこそ、男性はテストステロンを回復するために十分な洞窟タイムが必要になる。男性はそれによって、女性と二人時間を過ごすための意欲を高められる。

簡単に言うと、男性は家族の役に立つ自信があり、家族から求められていると感じたときに洞窟から出てくるのだ。

男の心は求められると動く

男性が洞窟からなかなか出てこない大きな理由は、自分がどれほど必要とされているかを理解していないからだ。〝女性にとって、相手時間や二人時間だけでなく、自分時間を楽しむことが重要である〟という新たな考えは、〝女性がストレスを減らして幸せになるために、男は必要な助けを与えなければならない〟という男性の新たな役割をも明確にしている。

現代の女性は一昔前に比べてずいぶんと自立しているが、それでも新たな形でパートナーの助けを必要としていることには変わりがない。これを認識することは、女性が安全と生存のために男性を必要としなくなった世界では特に重要だ。女性が〝女らしさを回復させる〟という心の欲求に無自覚で、パートナーを必要とする意味を理解していなければば、男性は洞窟から出る意欲を失う。独身男性は、その女性との交際に真剣になりにくく、結婚への意欲も低くなる。

女性が、〝ストレスを減らすためには心の支えが必要だ〟と認識することで、パートナーから与えられた支えに感謝するようになると、男性も洞窟から出る意欲を高める。**女性の欲求を満たせるという自信を深めるほど男のバソプレシンは増え、女性にとっての魅力も高まる。**

女性は、〝男には洞窟タイムが必要〟であることを理解していないと、拒絶されたと感じることが多い。男性が殻に閉じこもると、無視されているように感じるのだ。しかし、自分にも〝自分時間〟が必要だということを知れば、男性の洞窟タイムを受け入れやすくなるだけでなく、自分自身の自分時間をとることも認められるようになる。

女性は、自分ばかり尽くしている、と嘆くことが多い。パートナーに一緒に二人時間を多く過ごすことを期待しているからだ。だが実際には、フェーズ3の18日間に必要なのは、二人時間よりも自分時間だ。

フェーズ2の5日間に二人時間を十分に過ごす方法を学ぶことで、フェーズ3では男性が洞窟から出てくるのを待つのではなく、自分時間を楽しめるようになる。男性が男友達と出かけたり、テレビのスポーツ観戦に夢中になっていたりしても、取り残されたような気持ちに陥ることなく、自分一人や仲間との活動を楽しめるようになる。この新しい知識を得ることで、男女はウィンウィンの関係を築けるのだ。

女性の自分時間をサポートする方法

フェーズ3の女性は、パートナーに自分時間をとりやすくしてほしいと思っている。男にできることはたくさんある。女友達と長電話していても文句を言わないとか、ガーデニングの講座に通うのを応援するなどの単純なことでもいい。何かイレギュラーな用事が起きたときに、それを進んで片付けるのも効果的だ。

私の妻は家の外で仕事をしているが、買い物や料理、掃除、子供の世話などの日常的な家事を、私と半分ずつ分担することは期待していない。その代わり、私も妻に男が好んでするような非日常的な用事を、半分ずつ分担することを期待していない。

たとえば、家族の送り迎え、テレビやパソコンの修理、日曜大工、重たい荷物を持つ、妻の代理での家事といった、〝男手〟が必要になるような仕事だ。このような仕事をすることで、男性はテストステロンを高められる。

こうしたイレギュラーな仕事を男性がすることで、女性のオキシトシンと男性のバソプレシンが刺激される。仕事をしたことで女性から感謝されると、男性のバソプレシンとテストステロンはさらに増える。男性にはぜひ、このような仕事を積極的に探して取り組んでみてもらいたい。女性はそのような男性の態度を高く評価してあげてほしい。そうすることで、男も女も素晴らしいメリットを手に入れられるのだ。

まとめ

・女性の月経周期を通して絶えず変化するホルモンバランスに合わせて期間を3つに分け、時間の過ごし方を変えることが、カップルがうまく関係を築く秘訣になる。

・月経後の5日間を「フェーズ1」、排卵前後の5日間を「フェーズ2」、月経前の12~14日間と月経期の3~5日を月経周期の「フェーズ3」とする。

・「相手時間」とは、誰かのための時間のこと。「二人時間」とはパートナーと過ごす親密な時間のこと。「自分時間」とは、仲間と何かをしたり、一人で楽しんだりする時間のこと。

第9章

聞いてほしい女、褒められたい男

――不満をぶつけ合わず、上手に言いたいことを伝えるには

男性はパートナーに不安や不満を話しすぎないほうがいい

男も女も、ネガティブな気持ちをパートナーに打ち明け、それを聞いてもらえていると いう実感を得ると、エストロゲンが増え、テストステロンが減る。

女性はストレスを感じると、気持ちを男性と分かち合い、女らしい感覚を取り戻したい と思う。男に話を聞いてもらうだけで女のストレスは和らぐ。女が感情を吐露するほど、 男は女を理解し、つながりを感じるようになる。

しかし、**男性がストレスを感じたときは、パートナーの女性に(彼女がストレスの原因 ではなくても)、すぐに不満をぶつけるのはやめたほうがいい。**誰かに話を聞いてもらい

たいなら、まずはセラピストに相談したり、一人で黙って考えたり、ハイキングやゴルフなどをしながら友人に相談したりするといい。それでも心が穏やかにならないなら、日記に気持ちを書いてみよう。

男性が他の男性と話をするとストレスが下がるのは、そのことによって男らしさが高まり、テストステロンが増えるからだ。相談する相手は、親しい間柄ではなく、距離を置ける相手であるならば、女性でもいい。相手が何を考えているかを気にしたり、自分の考えを正されることを心配したりする必要がないことが条件だ。

男性が泣き言や不満ばかり言うと、パートナーの女性は不安を感じてしまう。〝男はネガティブな感情を押し殺さなければならない〟というわけではないが、簡単にパートナーに助けを求めないほうがいい。テストステロンレベルを上げ、ストレスを下げることが先決だからだ。

それは頭を冷やす時間をとるということだ。男性が怒りを感じたときに、その原因であるパートナーにその怒りをぶつけると、ストレスが高まり、相手も心を閉ざす。パートナーが怒りの原因ではないとしても、まずは冷静や自立といった男らしさの感覚とつながるべきだ。怒りが収まっていない限り、パートナーに感情をぶつけるべきではない。

これは女性にとっても良いことだ。女性は男性の気持ちに耳を傾けるとき、男らしい振る舞いを求められることが多い。これは女性のストレスを高め、恋愛感情を損なう。

男性と女友達のように何でも相談できる関係になったあとで、恋愛感情が薄れてしまったことを不思議に感じている女性がいる。相手にときめかなくなった理由がわからないので、運命の人ではなかったという誤った結論を導こうとする。だがどんな男性でも、女友達のように何でも話し合うようになってしまうと、異性としての魅力が薄れてしまうものなのだ。女性が男性に気持ちを伝えてほしいと思うのは、女性同士のように悩みを打ち明けられるためではなく、〝すべて問題ない、僕は君を愛しているよ〟というメッセージを受けとりたいからなのだ。

これを理解していない女性は、男性が黙っていたり遠くに感じたりすると、心の奥の気持ちを聞き出そうとする。だが実際に男性が感情を吐露すると、女性にとってそれはあまり気分の良いものではない。だから、女性は混乱してしまう。大切なのは、女性が男性の話を聞くことではなく、女性が男性に話を聞いてもらうことだ。そうすることで、女性は自分のなかの女らしさにつながることができる。

不満をぶつけるのではなく「リクエスト」をする

男女の関係は、最初のうちは素晴らしいものだ。何もかもが新鮮で、脳内ではたっぷりとドーパミンが放出され、パートナーの欠点も目に入らなくなる。だがふたりの関係が慣れ親しんだものになってくると、相手を正したり、変えようとしたりするようになる。これは恋愛にとって毒になる。相手の行動を正そうとするのは、愛情の表れのように感じられる。だが、それは愛ではない。パートナーを変えようとするのではなく、ふたりの関係がうまくいくように自分の行動を変え、相手を批判せずに受け入れる方法を見つけることこそが、本当の愛情表現なのだ。

私たちが不満を言うのは、気にくわないことがあり、自分の望むようにパートナーの行動を変えたいと思っているからだ。相手に多くを求めることは悪くない。しかし、不満をぶつけるのはそれを手に入れるための良い方法ではない。不満には、必ず相手への〝リクエスト〟が含まれている。だが不満を言うと、そのリクエストは命令のような響きを持ってしまう。

命令を「リクエスト」に言い換える

パートナーを変えようとすればするほど、相手は言うことを聞かなくなる。〝命令〟を〝リクエスト〟に言い換えると、同じメッセージを前向きな形で伝えられる。秘訣は〝簡潔さ〟だ。言葉数が多くなるほど相手は抵抗する。不満をリクエストに言い換える例を紹介しよう。

不満	リクエスト
ゴミ出しを忘れてばかりじゃない。	明日、ゴミ出しをお願いね。忘れて一週間置きっ放しにすると、ガレージが臭っちゃうのよ。
キッチンカウンターの上にゴミを散らかさないで。	キッチンカウンターはきれいにしておいてくれる？
また電話に出てくれなかったわね。つかまった試しがないわ。	今日出かけるとき、私が連絡できるように携帯電話の電源をオンにしておくのを覚えておいてね。いつでも連絡がとれるようにしていたいの。
また寝室の床に服を脱ぎ散らかして。	寝室の床の服を片付けておいてね。

相手に怒りをぶつける前に、ストレスを減らす工夫をしよう。相手に愛情を感じているときに、不満の奥にある〝リクエスト〟が何かを冷静に考え、それを伝えるのだ。

〝自分の好みを伝える〟という、リクエストよりもさらに命令的なニュアンスを減らした方法もある。 イエスかノーかを即座に答える必要のない、〝参考情報〟として伝えるのだ。

例を示そう。

リクエスト	参考情報
明日、ゴミ出しをお願いね。	明日はゴミの回収日よ。午後にゴミを出しておいてくれたら助かるわ。
キッチンカウンターのゴミを片付けてくれる？	朝にスムージーをつくったら、キッチンカウンターをきれいにしてくれると嬉しいわ。
出かけるとき、携帯電話の電源をオンにしておくのを覚えておいてね。	帰りが遅くなっても連絡がとれるように、携帯電話の電源をオンにしておいてくれるとありがたいわ。
寝室の床の服を片付けておいてね。	服を片付けてくれると嬉しいわ。寝室がすっきりするから。
部屋を出るときは電気を消してくれる？	リビングルームの照明を消してくれたのね。こんなふうに部屋を出るときに電気を消してくれると助かるわ。

パートナーとは事前に、〝リクエスト〟や〝参考情報〟には、「わかったよ」以外の応答をする必要はないことを取り決めておこう。それぞれ、自分の日頃の行動を変えようと決

心するまでに時間をかけられる。

特に男性にとって、即答しなければならないプレッシャーが少ないほど、女性のリクエストに誠実に向き合いやすくなる。一人で考える時間は、〝自立〟という男らしさの特性に合っているからだ。

パートナーがストレスを感じていないときに、「時間があるときでいいから、ガレージを掃除してくれるとすごく助かるわ」というふうに柔らかい表現でリクエストしてみよう。

このような伝え方をするのは、最初のうちは面倒に感じられるかもしれないが、相手との摩擦が起こるのを防いでくれるし、結局は無駄な時間や労力を大幅に省ける。こうしたコミュニケーションがもたらす素晴らしいメリットについて、ぜひ考えてみてほしい。

・パートナーから変わることを求められないと、どんなに安心した気持ちになるか。
・パートナーを変えようとしないことが、どれほど大きな愛の贈り物になるか。
・〝怒りをぶつけたり変えようとしたりしていないからこそ、パートナーは最大限の努力をしてくれるはずだ〟と信じられることで、どれほど良い気持ちになれるか。
・パートナーに変わることや完璧であることを求めずに、自分が幸せな気分を味わえるのがどれほど素晴らしいことか。それがどれほどパートナーに自由を与えることになるか。

これは、本書の最後で説明する「高次元の愛」の実現にもつながる。

慣れないうちは、まず〝リクエスト〟や〝参考情報〟を紙に書き出し、声に出して練習してもいいだろう。口頭では伝えにくいと感じたら、紙を手渡してもいい。

パートナーに感謝する

女性にとって、男性のテストステロンを増やし、最高のパートナーシップを築くための最善策は、男性を褒め、感謝することだ。女性は自分が気に入らないことは相手に伝えるが、気に入っていることはあまり言葉にしない傾向がある。

女性には、パートナーに支えられているという感覚を強く味わい、表現できる能力がある。男性が女性と付き合いたいと思う大きな理由は、彼女が自分のしたことに感謝し、褒めてくれるからだ。だが残念なことに、この男性をやる気にさせる絶大な力を十分に活用している女性は多くない。

女性は、話をしているときに「なるほど、いいアイデアね。あなたの言う通りだわ」といった言葉をかけることで、男性のテストステロンを増やせる。

女性はポジティブな気持ちを感じていることが多いにもかかわらず、それを言葉にすることで男性がどれほど気分を良くするかを知らないのだ。試しにこのフレーズを使ってみれば、男性の姿勢や表情が変化するのがわかるはずだ。胸を張り、背筋を伸ばし、顔つきを活き活きとさせ、誇らしげにいま口にしたばかりの言葉を繰り返す。これは男性のテストステロンを増やし、カップルに良い影響をもたらすための、とても簡単な方法だ。

男が褒められるのが大好きなように、女は話を聞いてもらうのが大好きだ。女が話しているときに男ができる最善の行為は、関心を示すことだ。女性のエストロゲンを増やすには「もっと詳しく聞かせてよ」「他には何かあった？」といったフレーズが有効だ。

自分の考えや気持ち、好みや望みに男性が関心を示すほど、女性は愛されていると感じる。男性は自分が愛情と関心を示したとき、女性がいかに雄弁になるかを知って驚くはずだ。男性が話に興味を示すと、女性は自分自身に興味を持ってもらえたと感じる。それは、オキシトシンとエストロゲンの分泌を促す。女性は、男性に認められ、感謝されていると感じるようにもなる。男性は、女性の話そのものには興味がないこともある。だが、女性を幸せにすることには興味があるので、話を聞くこと自体が相手を喜ばせているとわかれば、パートナーの言葉に関心を持てるようになる。

なぜ女性は理解されていないと感じるのか？

私はジェンダー・インテリジェンスの専門家バーバラ・アニニスと、職場における男女間のさまざまな誤解についての考察を行った。職場で働く10万人以上を調査し、男女には互いの理解についての大きなギャップがあることを明らかにした。

その一つは、理解に関するものだ。男性は職場の女性を理解していると信じているが、それを相手にうまく伝えられていなかった。

この誤解は、家庭でも見られる。女性は、パートナーの男性から理解されていないと感じていることが多い。これは妻を愛し、妻に感謝していると感じている夫を混乱させる。

相手を理解していることを表現するためのさまざまな方法を知ることは、私が35年以上前にぶつかったジェンダーに関する重要な問題だった。当時、私は結婚や恋愛をテーマにしたカウンセリングやセミナーを実施していた。だがまだジェンダーの違いの重大さに気づいておらず、過去の心の傷を癒やすことや、自尊心を高めること、不安の克服、親密さを高めるテクニックなどの指導を重視していた。

あるとき、数年間アシスタントを務めてくれていたヘレンという女性から、「ジョン、私は別の方向に進むべき時が来たと思うの」と退職の意思を告げられた。

私は驚いた。ヘレンとはうまくやっていると思っていたし、昇給をしたばかりだったからだ。

「びっくりだよ。なんでやめたいと思うんだ？　給料が不満なのか？」

「昇給には感謝してるわ。だけど、私は自分の仕事ぶりが評価されていると感じていないの」

私はヘレンのような有能なアシスタントに恵まれて幸運だと思っていたし、その仕事に感謝を示していたつもりだった。ヘレンは電話対応やスケジュール調整、経理、セミナーの企画や宣伝、会場整理など、私が必要なことをすべてスムーズにこなしてくれていた。

「なぜ私から評価されてないと感じるのか、教えてほしい」

ヘレンは当たり前のように答えた。「あなたは私が何をしているか知らないでしょう？」

その通りだった。だが、だからこそ私はヘレンを評価しているつもりだった。ヘレンがすべてを片付けてくれるからこそ、私はそれに関わらずに、自分の仕事に集中できる。

相手のことを深く理解する

だが私は彼女の心を理解していなかった。良い給料を払い、仕事を任せるだけでは不十分だったのだ。私はヘレンの仕事に不満を言ったりケチをつけたりしたことはなかった。だから、彼女のことを高く評価しているのをわかってもらえていると思っていた。私はヘレンが素晴らしい仕事をしてくれたときはよく、「ありがとう」と伝えていた。とても優秀だったので、こちらから何かを指示する必要はほとんどなかった。

だがヘレンにしてみれば、私の行動は彼女への十分な感謝の表現にはなっていなかった。

「態度を改めるから、あと数週間かけて、考え直してくれないか？」私は言った。

「わかったわ。うまくいくとは思わないけど」ヘレンは言った。

それから数週間、私は行動を変えた。ヘレンの仕事の内容を尋ね、彼女の考えていることや感じていることを話してもらうようにした。毎日5分間程度の時間をつくり、仕事の目標や悩み、うまくいっていることや失敗したことなどを聞いた。私はヘレンが自分に注目され、話を聞いてもらい、理解されていると感じてもらえるように努力したのだ。

私は以前からヘレンを評価し、感謝していたつもりだった。だが、それだけでは足りなかった。私は彼女が私やクライアント、セミナーのためにしてくれていることをさらに細かく理解しようと努めた。その結果、ヘレンは自分の努力が私に認められていると感じるようになった。数週間後、ヘレンは考えを改めた。そしてそのまま何年も仕事を続けてくれた。私は男性である自分とは異なるヘレンの心の欲求を理解することによって、彼女が評価されているという感情を抱くために必要なサポートを与えられたのだ。

まとめ

・私たちが不満を言うのは、自分の望むようにパートナーの行動を変えたいと思っているからだ。だが不満を命令のように伝えると、相手は言うことを聞かなくなる。

・〝命令〟を〝リクエスト〟や〝参考情報〟に言い換えると、同じメッセージを前向きに伝えられる。お互い「わかったよ」以外の応答をする必要はないことを取り決めておこう。

・女は褒めることで男性のテストステロンを増やせる。男は関心を示すことで女性のエストロゲンを増やせる。どちらも良好な関係を築くためにとても効果的だ。

第10章

男と女が求めることはこんなに違う

――相手が求めているものが何かを知らなければ、本当の愛は与えられない

現代の女性には新しい愛の形が必要だ。昔とは違い自分を自由に表現できるようになった今の女性は、その分、プライベートな時間では女らしさを取り戻すために男性からの細やかな愛情が必要になった。

女性が愛され、満たされていると感じるのに必要な3つの愛情は、〝気遣い〟〝理解〟〝尊重〟だ。伝統的なロールメイトの関係と比較しながら、ソウルメイトの関係を築くために男性がとるべき行動と、女性の反応を見てみよう。

女性が求めている愛情表現とは

伝統的な男性の愛情表現	現代の男性に求められている愛情表現	女性の反応
1．気遣い		
経済的な支え	安心感	信頼
物理的に守る	ロマンチックな思いやり	自信、寛ぎ
女性の問題を解決する	女性の気持ちや体験したことに興味を示す	弱気になってもいいという感覚、喜び、感謝
緊急事態に対処する	優しさとハグ	温かさ、包容力、柔らかさ
女性のために苦労を厭わない	女性が求めていることを理解し、いつでも救いの手を差し伸べる準備をしている	助けを求めやすくなり、男性の努力に感謝するようになる

2. 理解		
従来型の、〝稼ぎ手〟の役割を担う	女性の話を解決策で中断せずに耳を傾ける	気持ちや考えを安心して伝えられるようになる
不満を言わずに自分を犠牲にする	共感を示す	支えられていると感じ、繊細さを見せるようになる
自分の過ちをすぐに訂正する	謝る	許す
助けを求めない（自立している）	女性がしてくれていることに感謝する	男性を褒めたくなる
怒りを抑える	女性の美しさと魅力を称える	自信が湧き、楽観的になる
3. 尊重		
結婚を維持することを約束する	女性の求めていることを自分の求めていることと同等に扱う	感謝

金を稼ぐために懸命に働く	女性の気遣いと貢献に感謝する	承認
妻とだけ性的関係を持つ	前戯を大切にし、デートを計画する	性的な喜びが増える
妻と家族のために最高のものを望む	女性に真の自己を表現する余地を与える	心からの幸せを感じる
強力なリーダーシップ	妥協	協力的になり、積極的に妥協する

愛は男の人生に新しい意味を与える

女性の心からの愛情に満ちた感謝は、〝あなたが最善を尽くしていることを知っているわ。至らない点はあっても私にとっては最高の男性よ〟と認めていることを表すメッセージによって伝えられる。これは、男性が女性との関係で〝成功〟を感じるのに必要な、特別な意味のある愛情表現だ。

たしかに女性も、男性からの信頼や受容、感謝を求めている。だが女性にとって、これらは男性からの気遣い、理解、尊重というメインディッシュの後のデザートのようなものだ。一方、女性からの信頼、受容、感謝は、男性にとってのメインディッシュだ。男は女性からの感謝の言葉を成功の証しだと受け止める。これは男性がストレスを減らすために重要だ。そして、女性からの気遣い、理解、尊重は、男性にとってのデザートになる。

現代の男性がパートナーに愛され、成功していると感じるためにもっとも必要な3つの愛情は、〝信頼〟〝受容〟〝感謝〟だ。伝統的なロールメイトの関係と比較をしながら、ソウルメイトの関係を築くために女性がとるべき行動と、男性の反応を見てみよう。

男性が求めている愛情表現とは

伝統的な女性の愛情表現	現代の女性に求められている愛情表現	男性の反応
1．信頼		
男性の経済力に頼ることと引き替えに、それ以上を求めない	ストレスを減らすために男性の愛情に頼る	思いやりと安心感を与えるようになる

男性に守ってもらっている。男性が無事に帰ってくると嬉しい	デートでしたいことを伝え、その選択肢のなかから男性にデートコースを決めてもらう	女性の希望を知っているので、デートプランに自信を持てる。自分がデートプランを決めることで、成功の感覚が生まれ、以前よりも積極的にデートを計画するようになる
男性に問題を解決してもらうことを期待している	問題を解決してもらうことを期待せず、その日の気分を分かち合い、親密さを感じる	女性とのつながりを感じ、彼女を幸せにしたいという意欲を高める
家庭で緊急の問題に対処してくれることに感謝する	ストレスを減らすための方法として男性のハグと思いやりを温かく受け入れる	心が温かくなり、彼女との絆を深めたいと思うようになる
男性が元気かどうかに敏感で、多くは求めない	気軽に男性の手を借りようとし、何がうまくいくか、いかないかを不満を言わずに伝える	ちょっとしたことで女性が喜んでくれるのをわかっているので、楽な気持ちで手を貸そうとするようになる

2. 受容		
男性に不満は言わない	不満を言わず、してほしいことを〝リクエスト〟する	女性の話に耳を傾け、気持ちを理解することで、求められていることを進んでやるようになる
男性の過ちにがっかりした態度は見せない	気持ちは表現するが、相手に失望したり罰を与えようとしたりはしない	女性が自分を受け入れてくれているという感覚を持て、改善しようとするようになる
男性の態度を正そうとはしない	男性の過ちを許し、謝罪は求めない	女性を幸せにしたいと思い、悪かった点を反省する
相手に多くの時間や思いやりを要求しない	自分の欲求に男性が応えようとしてくれていることに感謝する	深い愛情を感じ、女性のためにもっといろんなことをしてあげたいと思うようになる
自分の問題を男性の重荷にしない	男性の力を借りようとし、してくれたことに感謝する	臨機応変に女性を助けようとするようになる

3. 感謝		
男性の小さなミスやマナーの悪さは気にしない	男性との関係に幸福感や喜び、充実感を覚える	女性の望みを尊重し、女性のために自分を変えようという意欲を持つようになる
幸せな家庭をつくるために懸命に働く	男性を支えながら、自分の求めることも相手に伝える	女性の感情や要求を知り、支えたいと思うようになる
男性からセックスを求められたらノーと言わない	自分自身も楽しんでいるので、セックスの求めにイエスと言う	高揚感を覚え、さらに女性のことを好きになる
良妻賢母であることを務める	真の自己を表現できるようになったことを男性に感謝する	人生の意味と目的が明確になり、幸せを感じる
男性に従い、その判断を尊重する	男性と共に考え、行動することを大切にする	協力的で柔軟に一緒に物事を決められるようになる

男女それぞれが相手の心の欲求について新たな理解を得ることで、お互いに最大限のものを引き出し合えるようになる。もちろん、女にとっての〝気遣い〟〝理解〟〝尊重〟、男にとっての〝信頼〟〝受容〟〝感謝〟以外にも、愛情を表現する方法はたくさんある。だがこれらには、それぞれの心を満たし、ストレスを減らし、相手のためにもっと愛情を注いであげたいというエネルギーとモチベーションを高めるための大きな力がある。

火星と金星、それぞれ人生の目的

人生の目的は、火星（男性的な世界）では成功すること、金星（女性的な世界）では幸せになることだ。

男の幸せは、大切な人が幸せであることだ。それは、自分が女性に必要とされ、彼女の望みを満たすことに成功しているという証しになる。男は自分自身の成功にも満足する。だがその成功は、愛する人のためになってこそ意味があるのだ。こんなたとえ話がある。

昔、ある男が泥からレンガをつくっていた。退屈そうで、生気もなく、疲れて見えた。別の男が「何をしてるんだ？」と尋ねた。「レンガをつくってるのさ」男は答えた。

別の男が、溌剌としながら同じことをしていた。その男は、

「最高のレンガをつくっているのさ」と答えた。

さらに元気で、活き活きとしていた別の男が同じことをしていた。その男は、「いつか結婚できるように、最高のレンガをつくって金を貯めるのさ」と答えた。

さらに幸せそうに笑みを浮かべ、元気で溌剌としていた別の男は、「妻と家族を幸せにするために、レンガをつくって金を稼いでいるのさ」と答えた。


この物語は、物事を行うときどこに視点を置くかがいかに重要かを表している。男は本当に価値あることを意識しているときに、最大の幸福と充実感を味わうのだ。

女性の最大の幸せは、大切な人に心から喜ばれ、感謝されているという充実感に満たされながら、愛情を与えることでもたらされる。**人生において、意味と目的は女のデザート、男のメインディッシュになり、愛情と幸福は男のデザート、女のメインディッシュになる。**

この章の前半で見たように、男性は現代の女性が求めるものを尊重すれば、幸せになれる。そのことで、パートナーを幸せにできるからだ。女性もパートナーに感謝するようになることで、さらに幸せになれる。

女性が〝私は気遣われ、理解され、尊重されている〟という充実感を得て、女らしい支えをパートナーに与えるとき、ストレスを減らすオキシトシンとエストロゲンが分泌される。ストレスがなくなれば、パートナーに腹を立てることなく、自由に愛情を注げるようになる。

女性は、〝自分ばかりが尽くしているのに、相手は何もしてくれない〟という不満を感じることなく自由に愛を与えられるときに、最高の幸せを味わう。現代のカップルは、〝鶏が先か、卵が先か〟という状況に陥っている。女性は腹を立て、男性はさらに何もしなくなる。男性が何もしないから女性が腹を立てているのか、その逆なのか？　どちらも正解だ。

この悪循環から抜け出すために、パートナーに対して腹が立ったら、我慢してストレスを感じ続けるのではなく、本書が紹介したソウルメイトになるためのホルモンの知恵を活用してみよう。たとえば女性は、男性への不満が募ったら、いったんパートナーとの距離を置き、自分時間を増やして自分を大切にしてみる。仲間とのひとときや一人の時間を楽しむことで自分の心を満たしたら、男性への感謝の心を思い出せるようになる。

女性の月経周期の3分の2に当たるフェーズ3では、ストレス軽減に有効なプロゲステロンをつくるのにパートナーの力を借りる必要はない。フェーズ2でも、家族や親しい人との触れ合いなどを通して、パートナーと親密な時間を過ごす以外の方法でオキシトシンとエストロゲンを増やせる。フェーズ1では、普段の仕事を通してストレスを下げられる。

このように女性は月経周期に合った方法でストレスを下げ、ホルモンバランスを保てる。

女らしさを回復して怒りを解消し、心を開き、女性らしい愛情や感謝を示せるようになる。それによって、パートナーの男性も愛情や感謝を示そうという意欲を高められる。

感謝や尊重をきちんと示す

男性は、女性を気遣い、尊重することによって男らしさを強める。他人より優れた何かをしたと評価されることで、テストステロンが増える。そして、そのテストステロンを使い切り、成功したという手応えを得た後で殻にこもって一人になると、テストステロンを回復しやすくなる。だが成功したという手応えがないと、テストステロンの回復力は落ちる。**男は認められないと、テストステロンをうまく増やせないのだ。**

女性がもっと自分を尊重してもらいたければ、怒りをやり過ごして、男性の愛を受け入れるように努めることだ。相手に尽くし、その見返りを期待しすぎていると、怒りの罠にはまってしまう。それを自覚しなければ、抜け出すのは難しい。男性に多くを期待せず、相手のための行動を減らして、自分時間を増やすことが大切だ。

前述したように、女性が女らしさを回復するために男性ができるもっとも効果的なことは、感謝ではなく、気遣い、理解、尊重を行動や態度で示すことだ。ただソファに座ったままで、「ありがとう」と言うだけでは不十分だ。

月　　日（　　）

《リスト》＿＿＿＿　《TEL》＿＿＿＿＿＿＿＿

《名前》＿＿＿＿＿＿＿＿女・男《年代》＿＿＿＿

《住所》＿＿＿＿＿＿＿＿＿＿＿＿＿＿＿＿

＿＿＿＿＿＿＿＿＿＿＿＿＿＿＿＿

一戸建て or マンション ＿＿＿＿＿＿＿＿

《表札》　有 or 無 ＿＿＿＿＿＿＿＿

《駐車場》有 or 無 ＿＿＿＿＿＿＿＿

《目印 等》＿＿＿＿＿＿＿＿＿＿＿＿

＿＿＿＿＿＿＿＿＿＿＿＿＿＿＿＿

《不用品》

＿＿＿＿＿＿＿＿＿＿＿＿＿＿＿＿

〔情報〕

《アポインター名》

＿＿＿＿＿＿＿＿

男女のホルモンの違いを理解し、女は男の努力を褒め、男は女の気持ちを理解することが、お互いのストレスを減らし、良好な関係を築くための秘訣なのだ。

愛を与え、受け入れる

私たちが真の愛を得るのは、相手が必要としている愛を与えるときだ。

女性の受容と信頼、感謝が、男性のテストステロンを刺激する。女性がこれらの愛情を示すと、男性はそれに気遣い、理解、尊重で応えようとする。

受容とは、男性の不完全さを受け入れることだ。不満や拒絶、批判といった態度を示されると、男性は女性から受容されているとは感じにくくなる。

信頼とは、男性が常に完璧で正しいと信じることではない。男性の善意を信じることだ。男性は、自分が最善を尽くしたときに女性にそれを認めてほしいのだ。

感謝とは、男性の努力を認め、それを態度で表すことだ。

女性はよく、男性に尽くしていると感じている。だが実は、与えているのは自分がそうしてほしいと望んでいる気遣い、理解、尊重であることが多い。これらは男性に必要なテストステロンではなく、女性に必要なエストロゲンやオキシトシンを刺激する愛情だ。

女性は男性がしてくれていることを尊重はしているが、感謝はしていない。気遣ってはいるが、男性が最善を尽くしていることを信頼していない。男性の短所を理解しているが、それを受容せず、正そうとしたり、アドバイスをしようとしたりする。

男性は「受け入れられること」を求める

女性は相手を理解しようとする、だが男性は受容を求めている。女性から理解されるとき、男性のオキシトシンとエストロゲンが刺激される。だが、受容されるとき、男性にとって大切なテストステロンが刺激される。

男性は、ストレスを感じているとき、特に「受容」を求める。テストステロンが刺激され、ストレスを減らせるからだ。同じく、女性はストレスを感じているとき、オキシトシンとエストロゲンが刺激され、ストレスを減らすことのできる「理解」を求める。

受容とは、誰かを正したり、改善しようとしたりすることではない。**男性にとっての受容とは、たとえばこんなメッセージに聞こえる。「気にしなくていいのよ。今度帰りが遅くなりそうなときは、電話してね」**

理解はされているが、受容はされていないときの言葉はこんな感じだ。「あなたが時間を忘れがちなのはわかっているわ。だけど、帰りが遅くなるって電話をしてくれないと、物凄く腹が立つの」。男性は理解されているが、同時に拒絶されている。

理解しようとしていることを暗示しながら、受容はしていないことを伝える言葉も良くない。「信じられないわ。どうして帰りが遅くなったら電話するって覚えられないの？」。男性にとって、このような物の言い方はボディブローのように効く。女性のメッセージには〝あなたは男として不十分よ〟ということが暗示されているからだ。

受容とは、女性が男性に多くを求めてはいけないということでも、じっと耐えて我慢しなければならないということでもない。女性は自分が望むものを相手に求めてもいい。だが、不満や苛立ちといった感情と一緒に伝えるべきではないのだ。

女性の気遣い、理解、尊重は、特に女らしさの強い男性の気分を良くする。だが、テストステロンは減り、結果として男性を眠たくし、受け身にする。

女性は、男性のテストステロンを減らす2つの方法で気遣いを示すことがある。一つは、おせっかいなアドバイスをすることだ。求められていない忠告をされた男性は、自分のやり方を女性が良く思っていないことをほのめかされたと感じる。

もう一つは、男性のことを過度に心配することだ。これは男性のテストステロンを低下させるだけでなく、エストロゲンを増加させ、ストレスや防御的な態度、怒りを導く。

おせっかいなアドバイスと過度の心配は、男性への信頼が薄いことを意味する。信頼こそが男性がもっとも求めていることであるため、この女性の〝気遣い〟は、男性のテストステロンを低下させてしまう。

これを理解しておかなければ、異性と良い関係を築くことは不可能ですらある。時代が変わり、男女に求められる役割が変化しても、男が火星から、女が金星からやってきたことには変わりはない。大きく異なる男女のホルモンの働きをよく心得ることで、男は女の新たな形の愛を、女は男の新たな形の成功を支えられるようになる。ソウルメイトの関係を築くためのこの新しい情報によって、まったく異なる生き物である男と女は、息を合わせてうまくやっていけるようになるのだ。

まとめ

- 女性が愛され、満たされていると感じるのにもっとも必要な男性からの3つの愛情は、〝気遣い〟〝理解〟〝尊重〟。
- 男性が愛され、成功していると感じるためにもっとも必要な女性からの3つの愛情は、〝信頼〟〝受容〟〝感謝〟。
- 真の愛は相手が必要としている愛を与えるときに得られる。男女のホルモンの働きを心得ることで、男は女の新たな形の愛を、女は男の新たな形の成功を支えられる。

第11章 ふたりが力を合わせれば人生は変わる

――女の感謝と男の共感が〝一生別れないカップル〟をつくる

男女の違いを理解し、ポジティブに受け止められなければ、ふたりはハーモニーを奏でられず、衝突してしまう。そのような状況に陥っているカップルは星の数ほどいる。これを避けるには、〝男と女は同じではない。そしてそれは肯定的にとらえられる〟と心に留めておくことだ。**互いの違いを尊重することで、ふたりは歩み寄れる。**

女の気持ちを認め、男を褒める方法

女性の主なストレス要因は男性的な〝行動〟に寄りすぎていることだ。そのため、女性的な〝感情〟を取り戻す必要がある。男性から褒められるのは気分がいいが、それだけで

は女性のストレスは減らない。強いストレスを感じている日には、むしろ気分が悪化することさえある。

女性は職場で男性的な行動をしているときは評価を必要としているが、家庭では女らしさを取り戻すための支えが必要になる。評価ばかりを求めようとしていると、女らしさを回復するために必要な気遣い、理解、尊重を得る機会を逃してしまう。

女は男から働くことへの感謝の言葉をかけられるだけでは十分ではない。紋切り型の言葉ではなく、**男性が女性の話に耳を傾ける、ストレスを感じていることを理解する、ハグをするなどの行動をとることが、最大限のサポートになる。**

男の気遣い、理解、尊重によって女のストレスが減ると、ウィンウィンの関係が生まれる。男も女が望むものを与えているという成功の感覚を得られるからだ。

ストレスを感じた女性は、パートナーから十分に評価されていないという不満を募らせやすい。だが実際には、気遣いと理解と尊重を必要としている場合のほうが多い。男に褒められることを求めても良い結果が得られないのはそのためだ。褒め言葉をかけてもらっても、心の中では安っぽいと感じる。本当に求めているのは、行動だからだ。

生理学的には、女性はストレスを下げるためにテストステロンではなくエストロゲンを必要としている。ホルモンのバランスをとるには、女性はその日の出来事を話して、男性に共感してほしいと思っている。自分の家事が減るように、もっと男性に手伝ってもらいたいと思っている。男性とデートの計画について話し合いたいと思っている。男性が自分の心の欲求を察知してくれていると感じたとき、女性は気遣い、理解、尊重が満たされていると感じ、男性に感謝するようになるのだ。

認めることの力

仕事でストレスを感じている女性は、男性から〝君が懸命に働くおかげで楽しく毎日を過ごせているよ〟と嬉しそうに話をされても、あまり嬉しく思わないこともある。求めてもいないアドバイスも不要だ。女性が男性に求めているのは、話に耳を傾けてもらうこと、気持ちを肯定してもらうことなのだ。

男性が女性の気持ちを肯定するには、彼女の話に関心を持ち、気遣っていると態度で示すことだ。じっと女性の話を聞いた後で(アドバイスをしたり、自分の愚痴を言ったりせずに)、短い言葉で、彼女の気持ちを肯定していることを伝えればいい。

女性の気持ちを肯定するのは、励ましたり、アドバイスしたりすることではない。大切なのは、話の善し悪しを判断せずに、共感しながら話を聞くことなのだ。

言葉の最後には〝ハグをしよう〟と言おう。数分間話を聞き、最後にハグをしてオキシトシンの分泌を刺激することで、いい区切りになる。

ストレスを感じていても、女性はハグを面倒に思ったりはしない。男性が、「なるほど、その通りね！」と言われるのがいつだって好きなのと同じことだ。

ハグをしながら、女性の耳元で「愛しているよ」と囁いてもいい。

「君は人のためにすごく頑張っている」

「君にはいつもたくさんのことをしてもらっている。でも一人で抱え込まなくてもいいんだよ」

「君は責任感が強い。素晴らしい仕事をしている。職場の人は幸運だ」

「君はあの人たちに対して辛抱強く振る舞っているよ」

提案や解決策を示すことなく、ハグをすることで、男性は女性の女らしさを支えている。女性が求めていることを満たしているという感覚が得られるので、男性のテストステロンも増える。女性がストレスを感じているとき、男性は自分がいかに幸せかを話すべきではない。**ストレスを感じている女性にとって、男性がいかに楽しい一日を過ごしたかを聞くのは、傷口に塩を塗られるように感じることがあるからだ。**

逆に男性はストレスを感じていても、妻から幸せであることを伝えられると、感謝されていると感じてストレスレベルを下げられる。女性の幸福は男性を幸せにする。これを理解していないと、女性は男性に気を遣って、楽しむ時間をとることや、幸せや喜びを表現することを差し控えようとする。自分の喜びと幸福が男性の気分を良くすることを知らないのだ。女性が自分の幸せを心から表現するとき、女性ホルモンは増え、ストレスも下がる。

感謝することで相手も心を開いてくれる

私が出張から帰宅すると、妻のボニーは笑顔と抱擁で迎えてくれる。まず私の旅がどうだったかを尋ね、しばらくしてから、私の留守中にあった楽しい出来事を手短に教えてくれる。妻は、自分の良い気持ちを伝えることが私の気分を悪くしないと知っているのだ。

ポジティブな感情、ネガティブな感情を伝えるのに最適なタイミングを選ぶことで、女性は男性に共感しながら話に耳を傾けてもらいやすくなる。妻は、私が洞窟タイムをとるのを待ってから話をしてくれる。

ポジティブまたはネガティブな本音をいつ、どう分かち合うかを適切に判断できると、空気を読まずにパートナーに気持ちをぶつけて冷たい反応をされてしまうのを避けられる。

ボニーが気持ちを分かち合うタイミングをうまく判断してくれているのは、自分のストレスを和らげたい私にとってありがたいことだ。適切な状況で話をしてくれるので、私も妻の話に興味を持ちやすくなる。ボニーはポジティブな感情を伝えることで、愛情豊かで、繊細で、受容的な女らしさを表現できる。私が自分の殻にこもっていないときは、不満や失望、不安などのネガティブな気持ちも分かち合える。必要に応じてビーナス・トークの時間をつくってもいい。自分時間をつくるために、私に家事や用事を頼んでもいい。話を聞くことに妻が感謝してくれるので、私は〝気持ちを分かち合いたい〟という彼女の欲求を尊重できる。

男女の違いをよく理解していないと、女性はパートナーに感謝することがもたらす大きな力を活用できない。

女性は、女同士で不満を語り合うことで絆が深まり、気持ちもすっきりする。一人が忙しくて目が回りそうだと言うと、もう一人も大きく頷いて「わかるわ！　私も同じよ！」と愚痴をぶちまける。ふたりとも、気分を良くするホルモンの分泌を刺激できる。

女性がポジティブな気持ちを話すとき、同性の聞き手は虫の居所が良くないと気を悪くすることがある。だが男性は女性にポジティブな気持ちを示されると嬉しい。それによって女性は、女同士で愚痴を言い合うときと同じように、良い女性ホルモンを増やせる。

男性は、幸せな女性に惹きつけられる。だが女性が、〝女性を喜ばせようとする男性の本能的な意欲〟を最大限に引き出すには、〝この女性は僕の助けを必要としている〟と思わせなくてはならない。求められているとき、初めて男性はヒーローになれる。**男性は、**

感謝だけでなく求められていると感じたときに、女性のために動こうとする。

女性が幸せそうなのを実感してテストステロンを増やす男性は、女性が助けを求めているとモチベーションが上がる。ロマンチックな気持ちも高まる。

女性に感謝されることでテストステロンを高めた男性は、女性に求められていると感じたときにその力を発揮しようとする。

女性が感謝をすることは、男性の銀行口座に貯金しておくようなものだ。いざピンチになると、男性はその金を使って女性を助けようとしてくれる。

一日の終わりに女性から幸せそうに微笑まれると、男性は寛いで洞窟タイムをとろうという気持ちになる。女性の感謝を実感し、効率的にテストステロンを回復できる。それは女性から助けを求められたときにヒーローになるための力と意欲の蓄えになる。

ポジティブな気持ちを感じた女性は、できる限りそれを男性に伝えよう。それは男性への贈り物になる。男性は必要なときに女性を支えようという意欲を高められるのだ。

男の〝ボスザル〟の感覚を目覚めさせる

人間の脳の原始的な部分は、サルの脳とかなり似ている。ヒトの脳の辺縁系を〝モンキー・ブレイン〟と呼ぶ科学者もいる。もちろん、人間とサルは大きく異なる生き物だ。

だが、本能的な行動には共通点がいくつもある。

サルの群れでは、最強のオスがボスザルになる。ボスザルはメスたちを惹きつけ、交尾もほぼ独占する。ボスザルのテストステロンは他のオスザルの2倍もある。ボスザルは1匹だけで、他のオスはすべて〝その他大勢〟だ。ボスザルが死ぬと、二番手のオスがボスに昇格する。新しいボスザルのテストステロンは一日で2倍になる。

男性の地位やステータスは、ホルモンにこれほど大きな影響を与えているのだ。男が会社の社長に昇進したり、会社を興して社長になったりすると、テストステロンが増える。だが誰かの部下として働いているとエストロゲンが増え、テストステロンは減る。男性のテストステロンは仕事面での自立と成功によって劇的に増加し、失敗によって激減する。

心の奥底では、男性は集団のボスになりたいと思っている。テストステロンが増えると、女性を惹きつけられるだけでなく、健康で長生きできるからだ。

といっても、人間はサルとまったく同じではない。男の地位は、他の男に対するものとは限らない。自分を愛し、感謝してくれる女性がいる家に帰宅する度に、男性はボスザルの気分を味わえる。**信頼、受容、感謝の形で表現される女性の愛情は、男性のボスザルの感覚を目覚めさせ、テストステロンを強力に高める。**

このサポートはパートナーに与えてもらうのがベストだが、仕事を通じても得られる。

私は本書の執筆中、日本でのセミナーのために飛行機で長旅をしていた。テイクオフの遅延で滑走路で待たされた時間も含めると、フライトは14時間にもなった。他の乗客は眠っていたが、私はずっと執筆に取り組んでいた。12時間が経過したとき、女性の客室乗務員が近づいてきて、私の仕事ぶりに驚嘆と尊敬を感じているような口調でこう言ってくれた。「お客様は休憩もせず、ずっと仕事を続けていらっしゃいますよね。すごいです！」

この言葉が、私を最高にご機嫌にしてくれた。スタミナを褒められてすっかり良い気分になった私は、日本に到着するまでの最後の2時間も書き続けた。

女性に努力を褒められ、感謝される度に、男性のテストステロンは増え、気分が良くなる。これは、女性が自分のパートナーではないケースでも当てはまる（ただし、パートナーから褒められるのがもっとも効果的だ）。パートナーの女性が男性の有能さや強さ、持久力を評価し、嬉しく感じていることは、男にとって特別な意味がある。パートナーは男性の欠点や過ちをすべて知ったうえで褒めてくれているからだ。女性の褒め言葉は、過去の欠点を帳消しにしてくれる。ふたりはその瞬間、大きな愛情と感謝を感じ合える。

感謝され、褒められた男性は、その女性に感謝するようになる。男が何よりも求めているものを与えてもらえたからだ。

もし私が女性だったら、客室乗務員は身体を心配して、「お客様は休憩もせず、ずっと仕事を続けていらっしゃいますよね。お疲れでしょう。飲み物か軽食をお持ちしましょうか？　枕は要りませんか？」と言ってくれたかもしれない。

だがあのときそう言われていたら、男性である私は心配りに感謝をしながらも、若干のうっとうしさも感じただろう。褒められたときに感じた、スーパーマンやボスザル、ヒーローになったような高揚感は覚えず、執筆の意欲を失い、眠ってしまったかもしれない。

もし女性の読者が、私と同じように心配されるより褒められたいと感じることが多く、〝ボスザル〟になりたいと思っているのなら、（特に日頃から強いストレスを感じていたり、男性との関係に不満があったりする場合は）女らしさを取り戻す必要がないかを考えてみるとよいだろう。

異性が話す言葉の本当の意味を知る

たとえば、男性は女性の「あなたは私にねぎらいの言葉をかけてくれない」という金星語を火星語に翻訳する必要がある。一見すると、女性は男性に「いつもありがとう」と言ってほしいように思えるが、本当の意味は、「私のためにもっといろんなことをしてほしいの。気を配り、共感し、理解し、助けてほしいの。そうすれば、あなたの愛と感謝を感じられるわ」なのだ。

この場合、男性が女性のストレスを下げるもっとも効果的な方法は、ねぎらいの言葉をかけるだけではなく、もっと注目してほしい、話を聞いてほしい、気遣いをしてほしい、触れてほしいという、彼女が求めている行動をとることだ。

女性がストレスを減らすために求めているのは、男性の気遣い、理解、尊重だ。女性の男性的な側面は、褒められることを求めている。だがストレスを感じたとき、女性がもっとも必要なのは女らしさに戻ることだ。

同じく、男性がストレスを減らすために求めているのは、最善を尽くしていると信じてもらい、ありのままの自分を受け入れてもらい、女性を幸せにしようとしている努力を感謝されることだ。**女性に努力を感謝され、失敗を受容され、最善を尽くしていると信頼されることは、男性にとって黄金の価値がある。**

女は男の気遣い、理解、尊重を、男は女の信頼、受容、感謝を求める。男と女は、別の愛の言葉をしゃべっているのだ。

女性が、〝男にとって、女の心の欲求を満たす愛情を無意識に与えることは難しい〟と理解していれば、男性の失敗ではなく、成功に目を向けやすくなる。女性が経済力を高めた現代では、男は女性を物質的な豊かさで支えるだけでは十分な愛情を示せなくなった。男はいくら女性を愛していても、彼女が気遣い、理解、尊重を与えられていると感じるような愛情表現の方法を知っているわけではない。

女性は心の欲求に敏感なので、この時代の変化に気づいていることが多い。だが男性にとって、それはまったく新しいものに思えることがある。男性はこの新しい言語を学んでいる最中だ。それはある意味、男性がいままで学んできた男らしさとは正反対だ。女性も、男性が難しいことに挑戦中なのだと理解できれば、努力に感謝しやすくなるだろう。

カップルが別れる理由

この男女の違いを理解していないと、カップルの情熱が冷めてしまうのは避けられない。パートナーとの関係に満足していますか？　と尋ねられ、〝自分は相手のためになることをしている〟という思いから、イエスと答える人がいる。だが、実際には自分がしてほしいことを相手にしているだけというケースが多い。この状態だと、遅かれ早かれカップルは空中分解してしまう。

それは前触れもなく起こることもある。幸せそうにしていたカップルが突然離婚したと知らされ、驚いたことがある人は多いはずだ。あんなに仲が良かったのに、急にお互いを憎むようになっている。

結婚に満足していると信じていた理由は、それぞれが本当に求めていることから目を背けていたからだ。だが、いずれそれは無視できなくなり、関係が破綻する。

離婚しても友達として関係を続けられるケースもあるだろう。それは良いことだ。だが、一緒にいたときに本当に幸せだったというふりをしてはいけない。真実から目を背けていれば、次の恋愛でも同じように相手の心の声から目を背けた関係をつくってしまう。男と女が幸せになりたいのなら、まずは一人でも幸せを感じられるような生き方をすることに責任を負うべきだ。その次に、パートナーが本当に求めている愛情を与える。これを意識的に実践しなければ、男も女も、パートナーが求めている愛情ではなく、自分が求めている愛情を与えようとしてしまう。

次章では、本書のすべての内容を組み合わせた、生涯の愛を築くために必要な実践的なテクニックを紹介する。

まとめ

- 男は女性の話に関心を持ち、感情を気遣っていると態度で示すことで、彼女の気持ちを肯定することができる。
- 〝この女性は僕の助けを必要としている〟と実感した男は、女性のために積極的に動こうとする。
- 女性に愛され、感謝されることで、男はボスザルの気分を味わい、テストステロンを強力に高められる。

第12章 不満をぶつけ合わない男女関係

——生涯をかけて高次元の愛を求めていくために

不満は人生の一部だと認める

本書でこれまで見てきた新しい時代の男女関係についての考察はすべて、〝どうすれば不満をぶつけ合わない関係になれるか〟という問題に行き着く。不満を言い合わない関係は、男女どちらにとっても天国のように思えるかもしれない。そのような関係では、確実に愛を育めるだろう。だが、不満は人生の一部だ。完璧な人生などないし、苦難は次々に襲ってくる。まったく不満を口にしないのでは、本音を偽って生きることになってしまう。

〝パートナーに不満を伝えること〟自体は問題ではない。問題なのは、〝パートナーへの不満をパートナーに伝える〟ことなのだ。不満のない関係とは、不満を言えない関係ではなく、パートナーとお互いへの不満をやみくもにぶつけ合わない関係のことだ。他の問題についての不満は、パートナーと分かち合ってもかまわない。

パートナーから自分への不満を告げられたときの反応は男女によって違う。男に不満を口にされると、女はプレッシャーを感じてしまう。そして男の不満に応えるためにさらに頑張り、結果として苛立ってしまう。女に不満を口にされると、男はコントロールされているように感じる。その結果、女を幸せにしようという意欲を失ってしまう。

不満を人生から完全に消すことはできない。だが、それを伝えるときは、パートナーに〝私は相手に認められず、拒否され、批判され、コントロールされている〟と思われないようにしなければならない。相手に〝私は支えられている〟と思われるような伝え方をしなければならない。パートナーに耳を傾けてもらえるような話し方をすることは、男女の関係において最重要のスキルだ。

なぜ不満を口にするとうまくいかないのか

不満の理由がパートナーにうまく伝わらないことは多い。たとえば、**男性に「家族と十分な時間を過ごしていない」と不満を告げられた女性は、自分が頑張ってしていることが理解されていないと感じる。さらなる努力が求められているようなプレッシャーを覚え**

る。すでに自分では精一杯の努力をしていると感じているので、やるべきことが多すぎて途方にくれてしまう。ストレスの多い現代ではこのような状態に陥っている女性は多い。

私は妻のボニーに不満や非難を口にしないようにしている。好ましくないことがあれば、腹を立てたり苛立ったりしていないときに、簡潔に自分の意見を伝える。

妻への不満が「君は忙しくしすぎていて、家族と十分な時間を過ごしていない」だったとしたら、これを〝リクエスト〟に変換して、「もっと一緒に時間を過ごしたいな。君の手が空いたときに、ふたりで予定を立てよう」と言うのだ。

〝リクエスト〟に妻が抵抗を示すかもしれないと感じたら、〝参考情報〟としてさらに柔らかい伝え方をする。参考情報とは、前述したように、自分の望みを知らせるだけで相手の反応や行動をすぐには求めない形の伝達方法だ。

たとえば「最近、お互い忙しかったから、近いうちに一緒に遊びの計画を立てたいな」と言う。こちらのお願いを検討してもらいたい、というニュアンスで伝えることもある。

「もっと一緒に時間を過ごしたいんだけど、どうしたらいいかな？　この前、レストランで昼食をとったときはとても楽しかったね」

〝家族と十分な時間を過ごしていない〟という一見無害な言葉は、男性が意図するよりも女性に重たく受け止められることがある。女性が一番傷つきやすい、女らしさに焦点が当てられているからだ。

同じ〝家族と十分な時間を過ごしていない〟という言葉も、女から男への不満として告げられたときはまた事情が異なる。男はそれを、〝自分は努力が足りず、彼女を幸せにできていない〟というメッセージとして受け止める。

もっと男性に家で時間を過ごしてほしいのなら、女性は不満をぶつけるのではなく、「もっと一緒にいられるような計画を立てましょう。あなたと時間を過ごすのが大好きなの。あなたの手が空いたときに、ふたりで予定を立てましょう」と言うべきだ。

女性から一緒にいたいと聞かされると、男性のテストステロンは上がる。男性はもっと家で女性と一緒に時間を過ごすようになり、遊びの計画を立てるようになる。**相手の行動を変えることを促すのではなく、自分の希望をリクエストとして伝えることで、男性は自分が女性を幸せにし損ねているというネガティブな感情を抱かず、関係を良くするための努力をしようという意欲を高める。**

男の最大の弱点は、〝コントロールされている〟という感覚

パートナーからの批判の受け止め方は、男女によって違う。それぞれ、心の痛みを感じる部分が違うからだ。男の最大の弱点は、〝コントロールされている〟と感じることだ。どんなに小さな不満や批判でも、女性が〝だから私は不幸なのよ〟というニュアンスを込

めて伝えると、男性のもっともデリケートな部分を刺激してしまうことになる。

女性が思っている以上に男性を傷つけてしまう不満の例を見てみよう。

「いつも仕事をしてばかりね」

「頼んだことをしてくれないわ」

「帰りが遅くなるのになんで電話してくれないの?」

「いつも自分のことだけ考えてるんだから」

「私の話を聞いてくれないのね」

「愛されているという感じがしないわ」

「デートの計画を立ててくれないのね」

「トイレの電気をつけっぱなしにしていたわよ」

「なんで後片付けができないの?」

「冷蔵庫のチェリーを全部食べたでしょう?」

これらの不満は、〝有能〟という男らしさに関係するものであるため、男性の脆弱な部分を攻撃することになってしまう。その結果、男性は防御的になり、反論したり、女性の言うことに本気で耳を貸そうとしなくなったりする。

男は女から「私は不幸だ」と言われると辛い

女性にとって、こうした言葉が男性に攻撃的に受け止められるのは意外に思える。だが**女性が不満を述べるとき、不幸だという感情を加えると、皮肉なことに、その不満が小さいほど、男性にとってはうっとうしいものに感じられるようになる。**たとえば、私が帰りが遅くなることを電話せず、夕食の予定時刻の2時間後に家に着いたとする。そのような場合は、さすがに妻が怒るのはもっともだと思う。だが、トイレの電気をつけっぱなしにしている、冷蔵庫のチェリーを一人で全部食べた、といった小言を言われると、腹が立ってしまう。

女が感情的に相手を非難せず、「今度からは、トイレの電気は消しておいてね」とか、「冷蔵庫のチェリーを食べちゃったでしょ。次は私の分もとっておいてね」というふうに言えば、男は腹を立てずに、次からはその言葉に従った行動をとろうという気になる。だが不満を〝不幸な気持ち〟と一緒に告げられると、ネガティブな反応をしてしまうのだ。

男にとって、男らしさのカギを握るのは〝成功〟の感覚だ。〝パートナーの女性を幸せにしたい〟と望んでいるので、女性から〝あなたのせいで私は幸せを感じられない〟という感情を込めて不満を告げられると、一番敏感な心のボタンが押されてしまう。言葉使いも重要だが、何より女性の声や表情によって伝えられるメッセージが大きく影響する。**不満を〝不幸〟を表す声のトーンで表現されると、男性はコントロールされていると感じる。そしてそのメッセージを、女性を幸せにするには、もっと家で時間を過ごさなければならない、**チェリーを一人で食べるべきではないと受け止めてしまう。男性にとってそれは、子供を叱る母親の言葉のように聞こえる。彼女の言う通りのことをしなければならないという命令のように聞こえるのだ。

女性は「リクエスト」をパートナーに伝えよう

一方、リクエストは命令とは違い、自分で判断して行動を変える余地がある。これは自立や問題解決といった男らしさと結びついている。

男は、〝女に求められたらすべてその通りに行動しなければならない〟という考えに対して抵抗を覚える。女性に求められたことを拒絶しているのではない。それは、自分に必要なエネルギーや時間も確保しておきたいという本能的な反応なのだ。不満をぶつけ合わない関係では、男性が女性のリクエストに応えて徐々に行動を変えていくのは、義務ではなく愛の賜物だ。パートナーのリクエストの背後に〝あなたはすでに十分に良くしてくれていて、愛情のあるパートナーである〟というメッセージが感じられ、そのうえで助けを求められていると感じるときに、男は進んで行動をとろうとする。

相手の不満に毎回即座に応えようとしていると、男性は徐々に、自信を失い始める。自分の考えではなく、彼女の指示に従って行動しているような感覚を持つようになる。「ごめん」と謝ってばかりの男性は、オキシトシンとエストロゲンが増える。これは女らしさに関連するホルモンだ。パートナーの前にいるときに女らしさばかりが刺激されると、男性ホルモンが少なくなり、男らしさが減ってしまう。

女性の不満をしょっちゅう聞かされ、それに従ってばかりいると、男は自分が無能であると思ってしまうようになる。信頼や感謝が感じられないので、相手に心も開けない。

つまり、女性が〝あなたは私を幸せにしていない〟という感情的なメッセージと併せて不満を繰り返し伝えると、男性はそれを〝自分をコントロールしようとしている〟と受け止める。そして、心を閉ざして男らしさを抑えつけようとし、テストステロンが減り、さまざまな弊害が出てしまう。

女は、自分が不満を告げることが、男にとっては指図されていると受け止められることに自覚的ではない。私が独身者やカップルを対象にして主催している「ソウルメイト・セミナー」では、男女をグループに分け、別室で相手への不満を列挙し、再び全体で集合して不満を一つずつ検討していく（誰の不満なのかはわからないようにするためだ）。

女は、自分ばかりが尽くしているのに、相手は何もしてくれないと言う。男は、それは違う、どれだけ努力しても女性は満足してくれないと言う。男女の違いを理解していない女性は、男性に不満を言えば望み通りに動いてくれると考える。自分が男性から不満を言われたときに、相手の望み通りに動かなければというプレッシャーを感じるからだ。だが、男には逆効果だ。女性から不満を聞かされると、男性は相手のために何かをしようという意欲を失ってしまうことがあるのだ。

女性は基本的に、不満を言うことで相手をコントロールしようとはしていない。望んでいるのは、男性からのサポートだ。不満が効果的ではないと気づけば、相手への感謝の気持ちが湧き上がるまで待って、具体的な〝リクエスト〟ができるようになる。このリクエストを少しずつ増やしていくことが、良い男女関係を築くための秘訣なのだ。

男はまず「わかった」と言おう

頻繁ではないが、妻のボニーから私への不満を聞かされることがある。そんなとき、私は自分が防御的な反応をとらないようにするための工夫をしている。防御的な反応をとりそうになった時点で、一言「わかった」と伝えるのだ。

これで会話は終わる。私はその一言で、ボニーの言葉を受け止めたこと、前向きに検討することを伝えられる。

このような単純なコミュニケーションの方法を持っていることは、私たち両方の気持ちを楽にする。私はボニーにこれ以上、防御的にさせないでほしいと伝えられるし、ボニーは、私が彼女の言葉を理解し、改善のために最善を尽くしてくれると信じられる。

女性は不満を口にするとき、パートナーが「ごめん、これからは改めるよ」という温かくフレンドリーに反応してコミュニケーションを終えることを期待している。これは女性が、自分が誰かに不満を告げられたとき（特に自分がその相手をがっかりさせてしまったときに）の典型的な反応だからだ。

だが男性は、パートナーから不満を〝不幸の感情〟と一緒に伝えられると、〝闘争か逃走か〟といった本能的な反応が刺激される。これはちょっとした緊急事態であり、問題の解決のためにテストステロンが増え、エストロゲンが（一時的に）減る。

このホルモン反応により、男性は自動的に感情を切り離し、不満を冷静に分析して、問題解決のための方法を検討する。この瞬間、男性は女性が言ったことを静かに熟考している。それ以上の会話は邪魔になる。女性が感情的な反応を期待すればするほど、男性はそれに抵抗するようになるのだ。

男が感情を切り離すと、女はすぐにそれを察する。そして、男が怒っておらず、こちらの言いたいことを理解し、不満への対処を考慮してくれたかどうかを確認したくなる。

しかし、男にとって、この時点で「わかった」以上の自分の感情や考えを言葉にするのはストレスになる。ボニーに「わかった」と言う私は、2つの重要なことを知らせている。
1．彼女の要望を真剣に検討していること。疑問があれば、こちらから尋ねること。
2．だから、これ以上不満を聞かされ続ける必要はないこと。
「わかった」という言葉は、〝パートナーは自分の不満に耳を傾けてくれている〟という、女性が聞きたかったメッセージを伝えてくれる。男女が平等であることも思い出させてくれる。男は女の召し使いではないし、あらゆる不満に対応できるわけではない。男性は、相手の〝期待〟にただ従うのではなく、自分の判断で女性の不満や要望を考える余地を手にできる。この余地が広いほど、男性は女性を尊重し、支えたいと思うようになるのだ。

私の娘のローレンは女性に次のようなテクニックを教えている。男性が「わかった」とも「悪かった」とも言わず、ただ黙ってこちらの言い分を聞いているときは、思いやりのある言葉を期待して相手を見つめるのではなく、「いま私が言ったことを、考えてくれる？」と尋ねるのだ。

そうすると、男性は「うん」と答えやすくなる。女性も、自分の言いたいことが伝わったという安心感が得られる。

防御的になっている男性の口から、心からの後悔の言葉を期待するのは非現実的であり、非生産的だ。男性が防御的な反応なしに女性の要望について考えるには、一時的に感情を切り離さなければならない。女が腹を立てていると男はますます共感しにくくなる。

女性は男性を追い込まないようにすることで、自分の言いたいことを伝えやすくなる。〝不満〟ではなく〝リクエスト〟として要望を伝えることで、男性には自分で判断をする余地を与えられる。防御的になっている男性は、不満をぶつけるほど強く抵抗する。

めったにないことではあるが、ボニーは私が防御的になると、どこかに行ってしまうか、電話で話をしているときは話の途中で切ってしまう。冷たく思えるかもしれないが、私は感謝している。私たちはどちらも、感情的で傷つきやすい議論を避けることの重要性を理解している。ボニーは会話を終わらせることで、議論が熱くなるのを避け、怒りを早く手放せる。私も、自分に非があるのなら、いったん頭を冷やした後で、謝ろうという気になりやすい。

「わかった」とは言うが、「ごめん」と言わないわけではない。これは不満を聞かされて防御的になりかけたときに、相手の要望を検討しているよ、というメッセージを伝えるための手段だ。そうではない場合は、素直に「ごめん。私が悪かった」と言えばいい。

パートナー以外についての不満はその日のうちに話そう

これまで見てきたように、パートナーへの不満を本人に言ってもうまくはいかない。だが、不満を言葉にすることには重要な意味がある。特に、女性が帰宅時にその日の気持ち

（パートナーへの不満ではなく）を男性に話すことは効果的だ。このトークをしないと、女性は女性らしさを取り戻してホルモンバランスを整えるチャンスを逃してしまう。

女性がその日の感情や出来事を話さない大きな理由の一つは、男性が聞く耳を持たないことだ。特に、男らしさの傾向が強い男性は、女性の話を聞こうとしても、すぐに気が散ったり、無関心になったり、求められてもいない解決策を持ち出して話の腰を折ろうとする。逆に、女らしさの傾向が強い男性は、自分も話をしたがり、女性の不満に耳を傾ける以上に自分が愚痴をこぼしたがる。本人にとってはいいかもしれないが、これでは女性は女らしさをうまく取り戻せない。

男性に話を聞いてもらえれば、女性は気分が良くなりリラックスしやすくなる。一方、女性よりも話をする男性は、〝相手の話を聞く〟という、男らしさを取り戻してストレスレベルを下げるチャンスを逃している。**話を聞くことは女らしい行動だと思われているが、これは男性の男らしさを強化するのにも役立つものだ。**

女性は自分ばかり話をすることに抵抗を覚えるかもしれない。もちろん、ストレスを感じていないときは、カップルは友人と話をするのと同じように平等に会話をすればいい。だが、一定の時間、女性が感情や不満を男性に話すことは、女性が女らしさを、男性が男らしさを取り戻すのにとても効果がある方法なのだ。

パートナーがもっとも必要としている支えを与え合うことで、生涯の愛を育める。この章で紹介した方法を活用して、不満をぶつけ合わない関係をつくっていこうとするのは、今日からでも始められる、愛を育むための方法だ。

男女の関係の4段階

相手に求められてもいないのに、忠告や批判、不満の言葉を口にするのは、愛情のある行動ではない。これは、男女の関係を悪化させる。相手のためによかれと思っていたとしても、それは余計な口出しになってしまう。とはいえ批判や不満を止めるのは簡単ではない。ストレスを感じていると、私たちはついそのような言葉を相手にかけてしまう。

だが、ストレスにうまく対処してホルモンのバランスを保つ方法を学び、パートナーと自分自身を愛し、支えるというはっきりとした決意と意志を持つことで、私たちはこれから紹介する男女の関係の4段階を上っていける。それは永遠の愛を育むことにつながり、私たちそれぞれの幸福感や成功とも深く結びつくものだ。

第1段階――相手を正しいか間違っているかで判断する

愛情や思いやりではなく、相手の行動を正しいか間違っているかで判断しようとする。相手への期待や社会的な常識に基づいてパートナーを責め、自分の思い通りに操ろうとする。

強いストレスを感じると、理性や愛情よりも本能的な反応を優先させ、相手をコントロールしようとしてしまう。

第2段階――パートナーとの関係がうまくいかないことに気づく

第1段階の方法ではパートナーとの関係がうまくいかないことに気づくようになる。ストレスを感じたときは、相手をコントロールしようとせず、ストレスを減らす方法を試すようになる。そして、どの方法が効果的で、そうでないかを分析するようになる。

人間は完璧ではないので、常に第2段階にはとどまれない。だがパートナーと口論をしたり関係がうまくいかなかったときは、なぜそれが起きたのかを冷静に考えるようになる。

喧嘩をしても、第1段階のように本能の赴くままに相手を責めたりはしない。頭を冷やし、自分がストレスを感じていることを自覚し、相手をこちらの思い通りに変えようとするのではなく、パートナーと自分にとって最善のコミュニケーションは何かを探るようになる。本能のままに相手を責めることを止め、問題を理性的に解決しようとする。問題が発生したら、まずはストレスを減らすための時間をとり、原因と解決策を考える。

第3段階──「高次元の愛」を見つけ始める

パートナーとの問題を解決するために何が効果的で何が効果的ではないかを探っていきながら、思いやりや知恵といった高次元の愛を見つけ始める段階だ。この高次元の愛には、私たちの可能性を最大限に引き出してくれる力がある。この愛から、忍耐や自信、受容、永遠の絆が生まれる。

第3段階でもまだ問題には直面するが、葛藤は少なくなる。パートナーへの情熱と愛情はますます強くなる。問題にぶつかっても、それを〝もっと愛情のある人になるためのチャンス〟だと受け止められるようになる。どんなに困難なときでもパートナーへの愛を失わないように心がけていれば、普段の生活はとても楽で、満ち足りたものになる。

第1段階では、私たちは〝あなたの行動が気に入らないから、私のために変えてほしい〟という単純なメッセージを伝えるために、簡単に腹を立て、不満を言い、声を荒らげ、相手を責める。

第2段階では、冷静になり、問題の原因を柔軟かつ忍耐強く考察できるようになる。

第3段階では、相手に完璧を求めるのではなく、変えられないものがあることを受け入れ、変えられるものだけに意識を向け、お互いの違いを理解する知恵を持てるようになる。

第4段階——パートナーのあるがままを受け入れる

〝人生とは、大きな愛を見つけるために常に試練が与えられるものだ〟という達観を抱くようになる。人生もパートナーも完璧ではなく、問題がなくなることはないが、それでも大丈夫だ——という人生観を受け入れるようになる。

生きていくうえで避けられない問題に抵抗を感じることが減り、〝物事を自分の思い通りに進めたい〟という考えへの執着心が薄れ、あるがままを受け入れるようになる。第1段階では前進の妨げになっていたような問題も、単なる予期せぬ曲がり角のようなものになる。それは、視野を広げ、強さや知恵、愛を得る機会になる。

この段階に到達すれば、心の欲するままに愛を表現できるようになる。慈悲心や知恵などの高次元の愛が育まれ、無条件の愛を体験するようになる。

この無条件の愛を感じているとき、人生が完璧ではなくても、パートナーや家族、世界をより良いものにするために自分は今ここにいるのだということを常に思い出せるようになる。誰もすべてを完璧に行うことはできない。だが私たちは、それぞれが自分の役割を果たせる。それが私たちにできることのすべてであり、だからこそ価値があるのだ。

人生の新たなステージへ

読者であるあなたが体験したロールメイトからソウルメイトへと移行する旅が、私が書くときに味わったのと同じ充実感に満ちたものであったことを願っている。本書は、私が40年間にわたって〝愛を深める方法〟を世界各地で人々に向けて伝えてきたことの集大成だ。

私は毎月のように世界の都市を訪れ、何千もの人々に向けて恋愛や結婚をテーマにしたセミナーを開いている。そして、大勢の人々が高次元の愛を経験したがっているが、時代と共に変化する新たな男女関係のあり方を理解していないために、満足な結果を得られずにいる現実を目の当たりにしている。男女の違いについて少しでも理解を深めれば、パートナーとの関係の改善や、新しい愛の発見につながることもある。ぜひ、本書をこの理解を得るために役立ててほしい。家族や友人にも勧めてもらえれば幸いだ。

とはいえ、本書で説明してきた新しい知識を実践するのは簡単ではない。それを妨げる習慣を、これまでの人生で身につけてしまっているからだ。自分の間違いを認め、他人を許すことを受け入れられるよう、意識を変えていかなければならない。

過去の習慣を簡単に断ち切れると考えるのは現実的ではない。だから、それが難しいということを認識したうえで、パートナーにも自分にも優しくしよう。世界的な成功者でさえ、恋愛で失敗する。このことを念頭に置いて、徐々にパートナーとの関係を改善し、失敗を許していこう。

本書の知識を活かせば、たとえ今は必要な愛が得られていなくても、その原因が何かを考察できる。いきなり完璧に実践できるとは考えず、〝二歩進んで一歩下がるもの〟と見なして取り組めばいい。これは私自身にも、大勢のクライアントやセミナー参加者にも当てはまってきたことだ。

ソウルメイトになるための努力を何年も続けていくうちに、次第にそれは簡単になり、苦にならなくなってくる。**高次元の愛や知恵、思いやりを何度も試されることにもなる**が、試練があってこそ、はじめて愛の可能性は開けるのだ。

本書の内容を実践していくとき、自分にもパートナーにも完璧を求めないようにしよう。パートナーとの関係がうまくいかないときは、これは習得するのに何度もの訓練が必要なものであることを思い出そう。

ぜひ、折に触れて本書を繰り返し手にとっていただきたい。ただページを捲るだけでも役に立つはずだ。恋愛や結婚生活で壁にぶつかるとき、たいていそれはパートナーや自分自身に非現実的な期待を抱いていることが原因だ。そんなときは、男女には違いがあることを思い出そう。心を開き、パートナーと自分を受け入れてあげよう。本書の内容を実践しようと思ったのなら、今この瞬間を人生の新しい章の始まりにしよう。

自分が心を開くようになれば、相手も心を開きやすくなる。私自身の経験でも、一時的にぎくしゃくしていた妻との関係が修復されたとき、夫婦間だけではなく子供や孫にも良い影響が生じるのを実感する。この感覚を覚えているからこそ、できるだけ怒りをやり過ごそうという気持ちになる。自分が相手を許せなければ、相手にそれを期待することもできない。

本書の内容を実践することは、生涯の愛を育み、高次元の愛を体験することにつながっていく。この愛を人生の基盤にすることで、あなたは自分自身の能力を最大限に発揮し、社会にも良い影響を与えながら関わっていけるようになる。

いつまでも忘れないでほしい。あなたは、この世界で誰かに必要とされている。そのことに真摯に向き合い、高次元の愛の実現を目指していくことが、あなたの人生に計り知れない価値をもたらすのだ。

まとめ

・男女の関係には次の４段階がある。
1．「相手を正しいか間違っているかで判断する段階」
2．「パートナーとの関係がうまくいかないことに気づく段階」
3．「〝高次元の愛〟を見つけ始める段階」
4．「パートナーのあるがままを受け入れる段階」

・本書の内容を実践していくとき、自分にもパートナーにも完璧を求めないようにしよう。獲得するのに何度もの訓練が必要なものであることを思い出そう。

訳者あとがき

――男と女の違いを知り、ロールメイトからソウルメイトへ

本書は、世界的な大ベストセラー、『ベスト・パートナーになるために――男と女が知っておくべき「分かち愛」のルール 男は火星から、女は金星からやってきた』（三笠書房）の著者であるジョン・グレイ博士待望の最新作です。

心理学博士号を持つ著者は、結婚・恋愛を専門にしたカウンセラーとして現場で豊富な経験があり、多くの著作があることでも知られています。これまでに博士の著作を読み、感銘を受けたことがある読者の方々も多いのではないでしょうか。

『Beyond Mars and Venus』（火星と金星を超えて）という原題が示すように、本書は〝男女の違いから生じる誤解を解く〟ことをテーマにし、40年にわたって考察を続けてきた博士の集大成と呼べる一冊です。〝男は男らしく、女は女らしく〟という従来型の男女の役割を超えて自由に自分を表現できるようになった私たち現代人に、最善の男女関係のあり方を提案します。博士は、〝男は外で働き、女は家で育児や家事をする〟といった紋切り型の役割（ロール）に基づいた関係は「ロールメイト」であり、お互いのジェンダーの違いをよく理解し、それぞれが本当に求めているものを与え合えるような新時代の男女の関係性を

「ソウルメイト」と呼びます。

そして、パートナーと「ソウルメイト」の関係を築くためには、人間には誰しも男性的な特性と女性的な特性があること、現代社会ではこれらの両方の特性を自由に表現できるようになったためにさまざまな弊害も生じていること、それを回避するためには男性ホルモンや女性ホルモンの働きをふまえて相手の繊細な心の動きを理解し、自分本位ではなく、相手のために行動することが大切だと説きます。

もちろん、本書は恋愛指南としてもおおいに役立つ内容になっています。これまでの博士のシリーズと同様、恋の悩みに苦しみ、パートナーとのより良い関係を模索している人にとっては宝物になるようなアイデアや言葉がちりばめられています。

その一方で、本書は著者が「高次元の愛」と呼ぶ、〝不満をぶつけ合わず、共に苦難を乗り越え、人間として成長できるような関係性〟を目指す方法をも示してくれます。

本書を読み終えた方は、大きな希望と自信を持って、これからのパートナーとの関係を充実した素晴らしいものにつくり上げていこうという清々しい気持ちを抱くはずです。本書が読者の皆様の人生を豊かにするものになることを心から願っています。

翻訳に際しては、ダイヤモンド社書籍編集局の山下覚氏に、日本語版制作における明確な指針と温かく細やかなサポートを与えていただきました。心からお礼申し上げます。

［著者］
ジョン・グレイ（John Gray）
心理学博士。恋愛・結婚分野の専門家として世界一の名声を誇る。大ベストセラーとなった『ベスト・パートナーになるために――男と女が知っておくべき「分かち愛」のルール 男は火星から、女は金星からやってきた』（三笠書房）をはじめとする多くの著作は45カ国語に翻訳され、世界150カ国で販売。累計5000万部を売り上げた。過去40年間にわたり、世界中の人々の男女関係、コミュニケーション、健康の改善に貢献し、自らも30年以上、幸福な結婚生活を続けている。家庭や職場で男女の違いを理解し、尊重することの重要性をテーマにしたワークショップや講演を世界各地で実施。多数のテレビ番組に出演し、タイム誌、フォーブス誌、USAトゥデイ紙など大手メディアで特集された。3人の娘と4人の孫がいる。現在は妻のボニーと北カリフォルニアに暮らし、自らが主張する、健康とパートナーとの関係性を健全に保つための方法を熱心に実践している。

［訳者］
児島 修（こじま・おさむ）
英日翻訳者。訳書に『脳にいい食事大全――1分でアタマがよくなる食事の全技術』『天才の閃きを科学的に起こす 超、思考法――コロンビア大学ビジネススクール最重要講義』『自分を変える１つの習慣』（以上、ダイヤモンド社）、『やってのける』『自分の価値を最大にするハーバードの心理学講義』（ともに大和書房）などがある。

一人になりたい男、話を聞いてほしい女

2018年８月８日　第１刷発行

著　者――ジョン・グレイ
訳　者――児島 修
発行所――ダイヤモンド社
〒150-8409　東京都渋谷区神宮前6-12-17
http://www.diamond.co.jp/
電話／03･5778･7232（編集）　03･5778･7240（販売）
装丁――――山之口正和（tobufune）
装画――――髙柳浩太郎
本文デザイン―matt's work
校正――――鷗来堂
製作進行――ダイヤモンド・グラフィック社
印刷――――堀内印刷所（本文）・慶昌堂印刷（カバー）
製本――――本間製本
編集担当――山下 覚

ISBN 978-4-478-10516-0